V. SARDOU et E. DE NAJAC

DIVORÇONS!

COMÉDIE

C · L

PARIS

CALMANN LÉVY, ÉDITEUR

RUE AUBER, 3, ET BOULEVARD DES ITALIENS, 15

A LA LIBRAIRIE NOUVELLE

—

1883

DIVORÇONS !

COMÉDIE

Représentée pour la première fois, à Paris,
sur le THÉATRE DU PALAIS-ROYAL, le 6 décembre 1880.

CALMANN LÉVY, ÉDITEUR

EXTRAIT DU CATALOGUE

VICTORIEN SARDOU

DE L'ACADÉMIE FRANÇAISE

LA PERLE NOIRE

ROMAN

Un volume grand in-18°.

IMPRIMERIE CHAIX, RUE BERGÈRE, 20, PARIS. — 18728-3.

DIVORÇONS!

COMÉDIE EN TROIS ACTES

PAR

VICTORIEN SARDOU ET ÉMILE DE NAJAC

C · L

PARIS

CALMANN LÉVY, ÉDITEUR

ANCIENNE MAISON MICHEL LÉVY FRÈRES

3, RUE AUBER, 3

—

1883

PERSONNAGES

DES PRUNELLES, riche propriétaire,
40 à 45 ans . . . . MM. DAUBRAY.

ADHÉMAR DE GRATIGNAN, garde
général des forêts, 25 à 30 ans . . . . RAIMOND.

CLAVIGNAC, 40 à 45 ans . . . . . . CALVIN.

BAFOURDIN . . . . R. LUGUET.

JAMAROT, commissaire de police. . . PELLERIN.

BASTIEN, domestique . . . . PLET.

JOSEPH, maître-d'hôtel. . . . . . .

CYPRIENNE, femme de Des Prunelles,
25 ans. . . . . Mᵐᵉˢ C. CHAUMONT.

MADAME DE BRIONNE, jeune veuve LEMERCIER.

MADAME DE VALFONTAINE . . . CHARVET.

MADEMOISELLE DE LUSIGNAN,
vieille fille. . . . . SÉZANNE.

JOSÉPHA, femme de chambre. . . . . MAROT.

DEUX GARÇONS DE CAFÉ, UN SOMMELIER, DEUX SERGENTS
DE VILLE.

De nos jours, à Reims.

DIVORÇONS!

ACTE PREMIER

Un petit jardin d'hiver très élégant, moitié salon, moitié serre. Toute la partie droite donnant sur le jardin est vitrée et garnie de plantes grimpantes. Au premier plan à droite, porte sur le jardin. Au deuxième plan, fenêtre avec persienne extérieure mobile. Elle est levée au commencement de l'acte, ainsi que les autres persiennes de lattes vertes qui sont destinées à garantir le vitrage du soleil. A gauche, premier plan, porte de la chambre de Cyprienne. Au deuxième plan, cheminée, troisième plan, porte de la salle à manger. Au fond, à gauche, large baie avec tenture, laissant voir un vestibule très élégant qui communique sur la gauche avec la porte d'entrée qui n'est pas visible, et sur la droite avec le cabinet de Des Prunelles. Escalier de bois sculpté montant au premier. A droite de cette baie, qui occupe la plus grande partie du fond, autre porte du cabinet de Des Prunelles ouvrant sur la scène. Partout, dans la cage d'escalier comme sur la scène, des tableaux, des glaces, des draperies, des bibelots, des faïences, des lanternes chinoises, etc. Meubles variés, élégants, de toute forme. Plantes grasses, fleurs, palmiers, vasques, etc. Une table ovale au milieu, un peu à gauche. A gauche de la table, un fauteuil. Chaise volante entre la table et le fauteuil. Derrière la table, face au public, un grand canapé. A droite de la table une chaise volante, et un peu plus à droite, un pouf. Sous la table, un siège sans dossier. A droite premier plan, un grand fauteuil appuyé contre le décor. Derrière le fauteuil une chaise volante. Devant la fenêtre une petite table. A droite de cette table, entre la fenêtre et la porte, une table à ouvrage. Une chaise entre la baie et la porte de droite. Sur la table du milieu, un encrier, un buvard, un timbre, un code, des livres et des brochures sur le Divorce, ouverts, annotés et cornés. Sur la peti e table, devant la fenêtre, une tasse à café et un plateau à liqueurs. Sur la table à ouvrage une corbeille à ouvrage. Sur la cheminée une pendule, une tasse à café.

SCÈNE PREMIÈRE

JOSÉPHA, BASTIEN.

Josépha debout, appuyée contre la table, un peu à droite, lit un livre traitant du Divorce.

BASTIEN, entrant par la baie, suivi d'un commis qui porte un paquet de livres enveloppé et ficelé, sur lequel est la note ployée.

Mademoiselle Josépha? *

* Le commis, Bastien, Josépha.

JOSÉPHA, sans se déranger.

Eh bien ?

BASTIEN.

C'est le commis du libraire avec un paquet de livres pour Madame.

JOSÉPHA.

Mettez là, sur la table.

BASTIEN, prenant le paquet des mains du commis et le posant sur la table du milieu.

Il n'y a rien à dire ?

JOSÉPHA.

Attendez : (Prenant la note, l'ouvrant et la lisant.) « *Question du Divorce. — Du Divorce. — Le Divorce. — Sur le Divorce. — Pour le Divorce.* » Non, c'est bien.

Elle met la note dans sa poche.

BASTIEN, au commis.

C'est bien.

Le commis se retire. Bastien prend la chaise derrière le fauteuil, et appuyé sur elle regarde Josépha.

JOSÉPHA, défaisant le paquet de livres.

Qu'est-ce que vous faites-là, vous ?

BASTIEN.

Je vous contemple, Josépha... avec amour !

JOSÉPHA.

Je comprends ça ; mais vous feriez mieux de desservir le café. Il est déjà trois heures, et c'est le jour de Madame.

BASTIEN, remontant la scene.

Cette idée aussi de faire servir le café dans ce petit salon, au lieu de le prendre à table, pour simplifier le service. Où est-ce qu'ils ont encore fourré leurs tasses ?

JOSÉPHA, s'asseyant sur le pouf et parcourant un livre du paquet.

Celle de Madame, sur la cheminée à droite, et celle de Monsieur, à gauche, sur la petite table.

BASTIEN, allant à la petite table qui se trouve devant la fenêtre.

Je vois... Pas commode pour trinquer.

Il se verse un petit verre de liqueur.

JOSÉPHA, même jeu.

Si Monsieur vous pinçait, vous, à boire son kümmel !...

BASTIEN, montrant la porte du fond.

Il n'y a pas de danger ! Il est là, chez lui, à faire ronfler son tour et à fabriquer des billes de billard et des ronds de serviette... Je vous demande un peu. Un des plus riches propriétaires de Reims ! (Buvant et allant à Josépha.) C'est vous qui allez vous faire pincer, à fourrer votre nez dans les livres de Madame ! *

JOSÉPHA.

Bah ! elle est chez elle, comme lui chez lui !

BASTIEN.

Elle ronfle aussi ?

JOSÉPHA.

C'est bien possible. Elle s'ennuie assez pour ça.

Josépha, Bastien.

BASTIEN.

Je le crois, avec un mari pareil, toujours à tripoter ses serrures, ses pendules, ses sonnettes... Un joli ménage !

Il va poser son verre sur la petite table.

JOSÉPHA, même jeu.

Tous comme ça !

BASTIEN, redescendant près d'elle.

O Josépha, pas le nôtre !... Si vous vouliez de moi pour époux !... Tout le temps à trinquer, nous autres, jamais à ronfler ! *

JOSÉPHA.

Oui, pendant six mois, et encore !

BASTIEN.

Un an, Josépha. Garanti un an !

JOSÉPHA, se tournant vers lui.

Et après ?

BASTIEN.

Après ?

JOSÉPHA.

Oui.

BASTIEN, descendant en scène.

Ah ! bien, ma foi, après ?...

JOSÉPHA, se levant.

C'est ça... Voilà le vice du mariage. C'est trop long, toutes ces machines-là. On devrait se marier pour un an,

* Bastien, Josépha.

dix-huit mois, deux ans au plus, et ensuite changement de mains !

BASTIEN.

Ça, Josépha, c'est l'idéal. Vous en demandez trop.

JOSÉPHA.

On y viendra, allez. Que nous obtenions d'abord le divorce. Tenez, écoutez ceci : (Lisant.) « Ce qui éloigne tant de gens du mariage, c'est l'impossibilité d'en sortir quand on y est entré. »

BASTIEN.

C'est rudement tapé, ça !

JOSÉPHA.

Et vrai !

BASTIEN.

Qui est-ce qui dit ça ?

JOSÉPHA, regardant la couverture.

C'est monsieur Didon !... Non, c'est le père Naquet ! (Elle pose le livre sur la table.) Aussi, voyez-vous, tant que le divorce ne sera pas voté, ne me parlez pas mariage. Je veux voir une issue !

BASTIEN.

Eh bien ! ne parlons pas mariage, Josépha ! — Parlons amour !... Amour libre !... Ça, c'est l'entrée et la sortie, tout ensemble !

Il veut lui prendre la taille.

JOSÉPHA, se dégageant.

Vous... vous allez finir, ou je vous giffle !

BASTIEN.

Ça se fait pourtant, ces choses-là!

JOSÉPHA.

Chut!... on cogne à la vitre!

BASTIEN, baissant la voix et sans bouger.

Le cousin?

JOSÉPHA.

Monsieur Adhémar? Non! Il ne se risquerait pas à cette heure. (Se tournant du côté de la fenêtre où paraît la figure du concierge.) Tiens!... c'est le concierge.

LE CONCIERGE, dehors.

Monsieur Bastien!

BASTIEN, allant ouvrir la fenêtre.

Eh! qu'est-ce que vous faites-là, vous, au lieu d'entrer par la porte?

LE CONCIERGE, passant la tête par la fenêtre.

Elle est fermée, monsieur Bastien.

BASTIEN.

La porte du jardin?

LE CONCIERGE.

Oui.

BASTIEN, allant à la porte de droite et cherchant à l'ouvrir.

C'est vrai!... fermée à clef.

JOSÉPHA.

C'est Monsieur, sûrement.

BASTIEN, à mi-voix.

Il se doute peut-être que le cousin vient par là.

JOSÉPHA.

Taisez-vous donc, vous! (Haut, au concierge.) Qu'est-ce qui vous amène?

BASTIEN, allant au concierge.

Oui, qu'est-ce qui vous amène?

LE CONCIERGE, passant les journaux par la fenêtre.

Les journaux de Paris.

Bastien passe les journaux à Josépha.

JOSÉPHA.

Ah! bien! Donnez!... Madame les attend assez... Elle les a demandés trois fois.

BASTIEN.

Et Monsieur donc!

JOSÉPHA, au concierge.

C'est bien, merci.

BASTIEN, fermant la fenêtre.

A c'te niche.

JOSÉPHA, dépliant un des journaux, sans déchirer la bande.

Qu'est-ce qu'il peut donc y avoir là-dedans qui les inté-resse tant que ça?

Elle va s'asseoir sur le fauteuil à gauche.

BASTIEN, allant à elle.

Quelque affaire de vitriol...

JOSÉPHA, assise dans le fauteuil.

Guettez un peu!

BASTIEN, à genoux sur la chaise, au-dessus de Josépha et penché sur elle.

Oui ! — Voyez les tribunaux... la seconde feuille...

JOSEPHA.

Pardon ! la Bourse d'abord... Le Florin ?... 40 centimes de hausse....

BASTIEN.

Et le Hongrois ? Qu'est-ce qu'il fait, le Hongrois ?

JOSÉPHA.

94,95.

BASTIEN.

Fameux !... Et les courses ?

JOSÉPHA.

Ça m'est bien égal, les courses ! (Regardant à la première page du journal.) Ah !

BASTIEN.

Quoi ?

JOSÉPHA.

Je comprends.

BASTIEN.

Quoi ?

JOSÉPHA.

Pourquoi Madame et Monsieur sont si pressés de voir les nouvelles. (Lisant) « Si la Chambre discute aujourd'hui, comme on le croit, le rapport de la Commission sur le Divorce, on peut s'attendre à un débat des plus vifs et des plus intéressants. »

BASTIEN.

Oh! oui...

JOSÉPHA.

Taisez-vous donc! (Bastien replace la chaise derrière le fauteuil et redescend à gauche de Josépha. — Elle lit.) « Selon toutes les probabilités, le vote... »

DES PRUNELLES, derrière la porte du fond.

Bastien!

BASTIEN.

Méfiance!... Monsieur.

Il remonte.

JOSÉPHA, se levant vivement et ramassant tous les journaux.*

Oh! c'est embêtant!

BASTIEN, prenant la tasse de café sur la cheminée.

Cachez! cachez!... Nous lirons tout!

JOSÉPHA.

Oui!

Elle cache les journaux derrière elle.

SCÈNE II

LES MÊMES, DES PRUNELLES

DES PRUNELLES, sortant de chez lui par la porte qui ouvre sur la scène.

Bastien!..

* Josépha, Bastien.

BASTIEN.

Monsieur ?

DES PRUNELLES.

Les journaux de Paris ne sont pas encore arrivés ?

BASTIEN, allant prendre la tasse qui est à droite.

Non, Monsieur !

DES PRUNELLES.

A trois heures et demie ?

BASTIEN.

Si Monsieur veut que j'aille voir chez le concierge ?

DES PRUNELLES.

Oui, allez ! (Bastien sort par le fond à gauche en emportant le plateau avec les tasses. — A lui-même) Qu'est-ce qu'ils ont à rôder ici, ceux-là ? (A Josépha, brusquement.) Qu'est-ce que vous faites-là, vous ?

JOSÉPHA, devant la cheminée, ayant l'air très occupée à la pendule.

La pendule est arrêtée, Monsieur, et je regardais...

DES PRUNELLES.

N'y touchez pas, c'est mon affaire !.. Vous savez bien que je ne veux pas qu'on touche aux pendules ?

JOSÉPHA.

C'est comme les sonnettes. Depuis ce matin je ne sais pas ce qu'elles ont, les sonnettes.

DES PRUNELLES, vivement.

Oui, oui, je le sais. Elles ne vont plus. N'y touchez pas !

JOSÉPHA.

Ah ! Monsieur sait?..

DES PRUNELLES.

Oui, j'arrangerai ça ! (Josépha sort par la gauche, 2ᵉ plan. — On sonne.) Ah ! bon !.. une visite ! — Déjà ! — Pour Madame !

BASTIEN, reparaissant avec une carte sur un plateau.

C'est pour Monsieur.

DES PRUNELLES, prenant la carte.

Et ces journaux ?

BASTIEN.

Pas encore arrivés, Monsieur !

DES PRUNELLES, regardant la carte.

Clavignac ! — Faites entrer.

SCÈNE III

DES PRUNELLES, CLAVIGNAC.

DES PRUNELLES. *

Eh ! arrive donc !.. Comment, c'est toi, à Reims ?

CLAVIGNAC, gaiement, descendant.

C'est moi !.. à Reims !

* Clavignac, Des Prunelles.

DES PRUNELLES, lui serrant la main.

Eh! tout le monde te croit mort. D'où diable viens-tu?

CLAVIGNAC, mettant son chapeau sur la table.

D'Espagne!

DES PRUNELLES.

D'Espagne?

CLAVIGNAC.

Une promenade.

DES PRUNELLES.

Heureux homme, tu es libre, toi; tu es garçon!..

CLAVIGNAC, prenant le tabouret sous la table et s'asseyant.

Séparé seulement !

DES PRUNELLES, tirant le pouf un peu vers la gauche et s'asséyan
près de Clavignac.

C'est la même chose..

CLAVIGNAC.

Oh! mais non! — Ma femme trouve bien encore le
moyen de me faire enrager, va! — A propos, la tienne va
bien?

DES PRUNELLES.

Mon Dieu, oui! — Et comment madame Clavignac te
fait-elle encore enrager?

CLAVIGNAC.

Je lui fais une pension, n'est-ce pas? — Et c'est inique!
Car la situation où je l'ai surprise prouve assez qu'elle
pourrait se tirer d'affaire sans moi! — Enfin, c'est jugé,

n'en parlons plus ! — Je paie donc... Mais ma femme trouve la pension trop mesquine et, pour la grossir, elle a imaginé un truc abominable !.. — Dès que je m'installe quelque part, ville d'eau, bain de mer, station d'hiver, etc..., elle arrive flanquée d'un idiot quelconque... et des scandales !... et des cascades !! — On me regarde en souriant, les journaux de la localité retentissent de ses prouesses, rappellent mon procès !.. Ça m'agace. Je la fais prier de déguerpir. — Elle répond : « Oh ! bien volontiers; mais qu'on me paie mon déplacement, l'hôtel, mes robes; etc.» — Ci, la note, dix, douze mille francs... Je paie !... Elle file... et le tour est joué !

DES PRUNELLES.

Alors, elle t'a suivi en Espagne ?

CLAVIGNAC.

Ah ! non !... Ici, mon truc à moi ! — Je lui ai fait savoir en confidence, que pour l'éviter, j'allais passer l'hiver à Alger !... Et dans ce moment elle débarque en Afrique !.. Voilà ma vengeance !...

DES PRUNELLES.

Alors, tu vas passer ici ?...

CLAVIGNAC.

Vingt-quatre heures !

DES PRUNELLES.

Pas plus ?

CLAVIGNAC.

Pas plus ! Le temps de toucher mes fermages, mes loyers, et de prendre quelques papiers chez mon avoué.

DES PRUNELLES.

Tu plaides ?

CLAVIGNAC.

Non! Mais le divorce sera voté, et tu conçois que j'ai hâte de creuser l'abîme entre madame Clavignac et moi. Une fois divorcée, elle pourra bien cascader à l'aise. Si elle veut, je l'y aiderai.

DES PRUNELLES.

Alors, tu crois que le divorce sera voté ?

CLAVIGNAC.

Je l'espère bien !

DES PRUNELLES.

Savoir !.. Tu dînes avec moi ?

CLAVIGNAC.

Non... c'est toi qui dînes avec moi !

DES PRUNELLES.

Comment !

CLAVIGNAC.

Ce matin, en déjeunant au cercle, nous avons fait partie, avec Loisel et Tarentin, pour dîner ce soir au cabaret, en garçons, comme au bon temps!... C'est moi l'amphitryon. Nous aurons quelques jolies femmes. Elles ne te font pas peur?...

DES PRUNELLES.

Oh! moi, les jolies femmes... à présent!

CLAVIGNAC, se levant et prenant son chapeau sur la table.

Bah! cela te rajeunira ! Je te quitte pour aller inviter

ces dames. Donc, ce soir chez Dagneau, au *Grand Vatel*, à sept heures et demie... c'est dit ?

DES PRUNELLES, se levant et passant à gauche.

Ce n'est pas dit du tout ! — Je ne peux pas dîner avec vous !

CLAVIGNAC, prêt à sortir, s'arrétant. *

Allons donc !

DES PRUNELLES.

Parole d'honneur !

CLAVIGNAC.

Tu ne vas pas essayer de me faire avaler cette couleuvre-là?

DES PRUNELLES.

Je ne peux pas, vrai !...

CLAVIGNAC, descendant un peu.

Ah ! n'insiste pas, tu sais !... ou je t'envoie mes témoins !

DES PRUNELLES.

Eh bien! justement, j'en cherche.

CLAVIGNAC.

Allons donc !... un duel?

DES PRUNELLES.

Mais peut-être bien !

CLAVIGNAC.

Toi ?

* Des Prunelles, Clavignac.

DES PRUNELLES.

Moi !

CLAVIGNAC, baissant la voix.

Et pour ta... ?

DES PRUNELLES.

Naturellement.

CLAVIGNAC, descendant la scene à droite.

Oh! oh! — mais alors, soyons sérieux, et conte-moi cela. Si quelqu'un est fait pour te comprendre... c'est bien moi.

DES PRUNELLES, lui mettant les deux mains sur l'épaule et le faisant asseoir sur le pouf.

Ah! mon bon vieux!... Nous avons fait tous deux en nous mariant...

CLAVIGNAC.

Une fière sottise, c'est convenu.

DES PRUNELLES, s'asseyant sur le tabouret.

Et encore, toi, tu méritais ton sort.

CLAVIGNAC.

Merci!

DES PRUNELLES.

Tu épousais une coquette, à qui par-dessus le mur du lycée, on envoyait des billets doux dans des balles élastiques... Et qui répondait!...

CLAVIGNAC.

Et tu ne m'as pas prévenu, quand je me suis marié?

DES PRUNELLES.

Soyons justes ! — Tu ne m'as pas consulté?

CLAVIGNAC.

C'est vrai!

DES PRUNELLES.

Tandis que moi, j'épousais une jeune fille modeste, bien élevée... Tu le sais mieux que personne; tu logeais dans sa maison... Un peu vive peut-être...

CLAVIGNAC.

Je te crois!... Elle flanquait des calottes à toutes ses bonnes.

DES PRUNELLES.

Tu ne m'as jamais dit ça?...

CLAVIGNAC.

Soyons justes! — Tu ne me l'as pas demandé.

DES PRUNELLES.

Enfin, tout me promettait le bonheur, et, après une jeunesse un peu orageuse, le repos que j'avais bien gagné...

CLAVIGNAC.

Et au lieu du port?...

DES PRUNELLES.

Ah! mon bon ami, c'est la pleine mer, avec tous ses orages!

CLAVIGNAC.

Provoqués par?...

DES PRUNELLES.

Est-ce qu'on sait? — Une formule qui résume tout :

incompatibilité d'humeur! Madame veut sortir, Monsieur
veut rester. L'un étouffe où l'autre grelotte. Celui-ci se
lève quand celle-là se couche. Bref! on n'est d'accord que
sur un seul point!... La nécessité de se fuir... Tu as de
mon ménage une image bien saisissante dans une fable
de Florian: *le Lapin et la Sarcelle!* — Figure-toi qu'on les
a mariés!... C'est idiot!... Il n'y a rien à faire!

CLAVIGNAC.

Mon cas, exactement!

DES PRUNELLES.

Broche là-dessus l'arrivée d'un bellâtre, orné de cravates
irrésistibles et doué par la nature de cette fine fleur de
sottise que les femmes respirent avec ivresse: « Ah! qu'il
est donc beau et qu'il est donc nul, et qu'il sera donc
bien tout à moi, et que je serai donc bien tout pour lui!»
Ajoute que ce bellâtre est mon cousin...

CLAVIGNAC.

Adhémar?...

DES PRUNELLES, se levant.

Le bel Adhémar!... aujourd'hui garde-général... qu'il
arrive botté jusque-là, faisant sonner l'éperon et siffler
la cravache, et vois la mine que j'ai à côté de ce mousque-
taire!

CLAVIGNAC, se levant.

Autre fable: *Le Centaure et le Minotaure!*

DES PRUNELLES.

Ah! non, pas encore!

CLAVIGNAC.

Hum!

DES PRUNELLES.

Non! non!... Il y a encore deux symptômes rassurants.

CLAVIGNAC.

Qui sont?...

DES PRUNELLES.

D'abord que madame Des Prunelles est toujours avec moi d'une humeur de dogue... Le jour où elle sera charmante, mon compte est bon.

CLAVIGNAC.

En effet.

DES PRUNELLES.

Et puis, qu'elle est très préoccupée du divorce!... Preuve qu'elle lutte encore... Quand elle ne luttera plus, elle s'en moquera bien, du divorce!

CLAVIGNAC.

Ah!... elle t'a dit?...

DES PRUNELLES, montrant les livres sur la table.

Non, mais ses lectures!... Tiens! le code. (Il prend les livres, brochures, etc.) « Titre VI, *du Divorce* »... Et tout ceci: *Divorce, divorce et divorce*... Et feuilleté! annoté!... souligné!... Des cornes à toutes les pages!

CLAVIGNAC.

Mais, malheureux, défends-toi!

DES PRUNELLES.

Jusqu'à la dernière cartouche!... Seulement, je suis bien malade. Oh! que je suis donc malade, mon pauvre ami! La catastrophe est sur ma tête. Je la flaire, je la sens... et

c'est ce qui m'empêche de dîner avec toi. Un moment
d'oubli, je suis perdu!

CLAVIGNAC.

Si c'est écrit, tu as beau retarder!...

DES PRUNELLES.

Aussi vais-je brusquer les choses par un coup d'éclat.

CLAVIGNAC.

Aujourd'hui?

DES PRUNELLES, le conduisant à droite.

Tout à l'heure!...J'ai déclaré que les visites de cet animal
m'étaient odieuses, et que si je le tolérais. comme parent,
les jours officiels, le lundi... aujourd'hui, en toute autre
occasion je le jetais par la fenêtre. Là-dessus la scène que
tu connais et toutes les rengaines ordinaires! « Il ne
vous manquait plus, Monsieur, que d'insulter votre
femme... »

TOUS DEUX, ensemble.

« ... Par d'injurieux soupçons!!

DES PRUNELLES.

« ... Vous mériteriez bien...

TOUS DEUX, ensemble.

« ... Que je les justifiasse!... »

DES PRUNELLES.

J'ai tenu bon! L'Adhémar n'a plus reparu qu'aux jours
de visite... Mais dès que j'ai le dos tourné, il accourt par
le jardin; car il a loué une chambre, le gredin, là, juste
en face de chez moi!

Il remonte et désigne la droite *.

* Clavignac, Des Prunelles.

CLAVIGNAC, le suivant.

Et alors ?

DES PRUNELLES.

Et alors, en ma qualité de mécanicien, j'ai préparé, dans le silence de la nuit, un petit piège où je le prends cet après-midi. Il se fâche ! Je lui tire les oreilles ! Il me provoque ! On se bat !

CLAVIGNAC.

Il te tue !

DES PRUNELLES.

Et me voilà tranquille !

CLAVIGNAC.

Et ce traquenard consiste ?

DES PRUNELLES.

Oh ! enfantin ! Figure-toi un ressort à boudin ! — Chut C'est elle !

CLAVIGNAC.

Ta femme ?

Cyprienne paraît au fond dans le vestibule, suivie de Josépha à qui elle donne un ordre, en manifestant par ses gestes un certain mécontentement.

DES PRUNELLES.

Ah ! mon Dieu !

CLAVIGNAC.

Quoi !

DES PRUNELLES.

Est-ce qu'elle n'a pas l'air bien souriant ?

CLAVIGNAC.

Oh ! non, par exemple !

DES PRUNELLES.

Non ?

CLAVIGNAC.

Ah ! fichtre ! non !

DES PRUNELLES, épanoui.

Ah ! mon ami ! Tant mieux ! Tu me rassures.

Josépha sort. Cyprienne descend en scène.

SCÈNE IV

LES MÊMES, CYPRIENNE, puis BAFOURDIN, puis MADAME DE BRIONNE, puis ADHÉMAR, puis MADEMOISELLE DE LUSIGNAN, puis MADAME DE VALFONTAINE, puis JOSÉPHA.

CLAVIGNAC, saluant Cyprienne. *

Chère madame...

CYPRIENNE.

Monsieur Clavignac... Que c'est aimable à vous...

Cyprienne, Clavignac, Des Prunelles.

CLAVIGNAC.

De passage à Reims, je tenais avant tout à vous présenter mes hommages.

CYPRIENNE.

Je ne vous demande pas des nouvelles de madame Clavignac...

CLAVIGNAC.

Trop bonne !

CYPRIENNE.

Toujours séparés ?

CLAVIGNAC.

Toujours.

CYPRIENNE.

Mes compliments... à tous deux !

Elle remonte par la gauche.

DES PRUNELLES, bas, à Clavignac.

V'lan !

CLAVIGNAC, idem.

Elle est acide.

DES PRUNELLES, idem.

Ce n'est rien !... attends un peu !

Bafourdin paraît.

BASTIEN, annonçant au fond.

M. Bafourdin.

BAFOURDIN, solennel et prud'homme.

Chère madame...

CYPRIENNE.

Bonjour, monsieur Bafourdin. Vous allez bien ?

BAFOURDIN.

Mille grâces !

Il passe à droite.

DES PRUNELLES, lui serrant la main.

Cher monsieur. (Présentant Clavignac.) Mon ami, M. Clavignac, (A Clavignac.) M. Bafourdin, receveur de l'enregistrement.

CLAVIGNAC.

Charmé...

MADAME DE BRIONNE, entrant, à Bastien qui veut l'annoncer.

Ne m'annoncez pas ! Je suis de la maison !

CYPRIENNE, lui serrant la main.

Tu vas bien !

MADAME DE BRIONNE.

Oui, chérie ! (Elles descendent par la gauche, madame de Brionne Des Prunelles qui est venu la rejoindre et lui donne une poignée de main. Bonjour, bonjour, mon voisin. (Passant devant Des Prunelles pour aller à Bafourdin.) Bonjour, monsieur Bafourdin!... (Passant devant Bafourdin pour aller à Clavignac.) Tiens ! vous voilà donc ressuscité, vous ?

Pendant l'aparté suivant entre madame de Brionne et Clavignac, Bafourdin va s'asseoir sur le canapé, Des Prunelles place le tabouret sous la table, prend les livres et les porte sur la petite table près de la fenêtre et Cyprienne pose les brochures sur la cheminée. En même temps Josépha entre par la gauche avec un plateau de thé, le pose sur la table, rapproche de la table le fauteuil à gauche et sort

CLAVIGNAC.

Pour vous voir, d'où ne reviendrait-on pas ?.. et toujours le veuvage ?

MADAME DE BRIONNE.

Toujours ! — Et vous ?

CLAVIGNAC.

Pas encore !

MADAME DE BRIONNE, riant.

Tant pis : nous unirions nos deux solitudes.

CLAVIGNAC, vivement.

Mais sans être veuf !...

MADAME DE BRIONNE, riant.

Non, non, c'est un mari que je veux.

CYPRIENNE, l'appelant tout en préparant le thé devant la table.

Estelle !

MADAME DE BRIONNE, allant à elle.

Ma chérie !

CLAVIGNAC, à Des Prunelles, seul avec lui, à droite.

Comment cette jolie petite femme n'est-elle pas encore remariée ?

DES PRUNELLES.

Ce n'est pas l'envie qui lui manque ; c'est l'argent.

Adhémar paraît.

BASTIEN, annonçant.

Monsieur Adhémar de Gratignan !

Mouvement de Cyprienne, seule devant, la table où elle sert le thé.

DES PRUNELLES, bas, à Clavignac.

Voici l'oiseau !

ADHÉMAR, descendant par la gauche, à Cyprienne en lui serrant la main.

Ma chère cousine, vous vous êtes bien portée, (Avec affectation.) depuis lundi dernier?

CYPRIENNE. émue.

Merci, pas mal!

DES PRUNELLES, bas, à Clavignac.

Charlatan! Ils se voient tous les jours.

Adhémar le salue. Des Prunelles fait semblant de ne pas le voir. Clavignac va causer avec madame de Brionne au fond, à droite.

BAFOURDIN, debout avec une tasse de thé que lui a offerte Cyprienne.

Vous allez donc nous quitter, Monsieur de Gratignan?

ADHÉMAR, à part, contrarié.

Ah! bon!

Cyprienne, qui versait du thé dans une tasse devant la table, se retourne vivement. Des Prunelles, qui remontait avec Clavignac, s'arrête et écoute.

CYPRIENNE.

Nous quitter?... (A Adhémar.) Vous allez?...

ADHÉMAR, vivement.

Mais, non, mais non, pardon!

BAFOURDIN.

J'ai lu ce matin dans l'*Indépendant rémois*, que vous étiez nommé sous-inspecteur des forêts à Arcachon.

CYPRIENNE, troublée et gênée par la présence de son mari.

Et nous n'en savions rien?...

ADHÉMAR.

Précisément!... Je venais vous dire que cette position m'a été offerte... mais j'ai refusé.

DES PRUNELLES.

De l'avancement ?..

ADHÉMAR.

Tout pour rester au sein de ma famille.

Il va porter son chapeau sur la cheminée et revient en scène.

DES PRUNELLES, bas, à Clavignac.

Allons ! allons ! on se battra !

MADAME DE BRIONNE, au fond, regardant un bibelot accroché au mur.

Monsieur Des Prunelles ?

DES PRUNELLES.

Madame !

Il va à elle.

MADAME DE BRIONNE,

C'est chinois, ce dragon ?

DES PRUNELLES,

Japonais !

Ils continuent à parler au fond à droite. Bafourdin s'est rassis sur le canapé.

CYPRIENNE, profitant de l'éloignement de tous, bas, à Adhémar, descendant pour lui porter la tasse de thé qu'elle vient de préparer et dont elle remue le sucre avec sentiment.

Et c'est pour moi ?... Je ne veux pas ce sacrifice, mon ami. Il faut accepter !

ADHÉMAR, à mi-voix, prenant la tasse.

M'éloigner de vous, Cyprienne ! — Plutôt la mort !...

Il boit.

CYPRIENNE, de même.

Je veux vous parler... tout à l'heure !

ADHÉMAR.

Chez moi?...

CYPRIENNE, vivement.

Chez vous!... jamais!... Plus tard... je ne dis pas !

ADHÉMAR.

Pourquoi ?

CYPRIENNE.

Non! non! ici!... venez au signal!

ADHÉMAR.

Mais...

CYPRIENNE.

Chut!... On nous regarde. (Haut.) Monsieur de Clavignac, vous ne prenez pas de thé?

Clavignac et Des Prunelles descendent à droite. Madame de Brionne prend une *Vie Parisienne* sur la petite table et la parcourt au fond.

ADHÉMAR, seul à l'avant-scene à gauche, buvant sa tasse de thé, à part.

Accepter : c'est fait. Pas si bête!... Seulement je suis sur mon départ... Il s'agit de brûler les étapes !

BASTIEN, annonçant.

Mademoiselle de Lusignan !

Entre mademoiselle de Lusignan.

CLAVIGNAC, à Des Prunelles.

Demoiselle, toujours?

DES PRUNELLES.

De plus en plus !... Et mauvaise !

CYPRIENNE, qui est allée au-devant de mademoiselle de Lusignan.

Que c'est aimable à vous, ma chère voisine...

Elle la conduit derrière le canapé, vers la droite, lui désigne la chaise près de la table et reste à causer avec Bafourdin derrière la table.

MADEMOISELLE DE LUSIGNAN, après lui avoir serré la main, saluant madame de Brionne, tout en marchant.

Monsieur de Gratignan n'est pas là?

ADHÉMAR.

Pardon !

MADEMOISELLE DE LUSIGNAN, passant devant la table et allant à lui, tout en parlant.

A la bonne heure !... Je vous ai vu courir de ma fenêtre. Je vous ai souhaité le bonjour ; mais vous ne m'avez pas entendu... Vous couriez si vite... (Allant serrer la main à Des Prunelles.) que je me suis dit : « Bien sûr, il doit aller chez sa cousine ! »

Elle va s'asseoir sur la chaise volante à droite de la table.

CLAVIGNAC, à Des Prunelles, bas.

Gentil !

CYPRIENNE, vivement, pour détourner la conversation, à Bafourdin.

Nous ne verrons pas madame Bafourdin?

BAFOURDIN.

Une légère indisposition l'oblige à garder la chambre.

MADAME DE BRIONNE, descendant, *la Vie parisienne* à la main, et allant s'asseoir sur le pouf, après l'avoir un peu roulé à droite avec l'aide de Clavignac.

La chambre!.. A propos, est-ce que ce n'est pas aujourd'hui qu'on discute ce fameux divorce ?

ADHÉMAR.

Mais oui !

DES PRUNELLES, à Clavignac.

Attention !

Il va s'asseoir sur le fauteuil à l'extrême droite. Clavignac prend la chaise près du fauteuil et s'assied entre lui et madame de Brionne.

CYPRIENNE, derrière la table, à droite, servant une tasse de thé à mademoiselle de Lusignan.

Oui... c'est aujourd'hui que nos députés daignent enfin s'en occuper.

MADEMOISELLE DE LUSIGNAN.

Vous croyez que ça passera?

CYPRIENNE.

Si tous les députés qui y ont un intérêt personnel...

BAFOURDIN.

C'est le vœu du pays !...

CYPRIENNE.

Oh ! sûrement !...

ADHÉMAR, s'approchant de la table.

Tous les hommes !... ◆

CYPRIENNE ET MADAME DE BRIONNE.

Et toutes les femmes !...

CLAVIGNAC, à madame de Brionne, qui regarde toujours La Vie Parisienne

Vous aussi?... Qu'est-ce que ça peut vous faire?... Vous êtes veuve.

MADAME DE BRIONNE, riant.

Tiens !... ça remettrait des maris dans la circulation ; j'aurais plus de choix.

BASTIEN, annonçant.

Madame de Valfontaine !...

Madame de Valfontaine entre. Des Prunelles et Clavignac se lèvent pour la saluer, puis reprennent leurs sièges.

CYPRIENNE, allant au-devant d'elle et la faisant descendre par la gauche.

Ah ! je suis bien sûre que Clarisse est aussi pour lui !

MADAME DE VALFONTAINE lui serre la main, fait un signe d'amitié à Adhémar et passe devant la table pour serrer la main de madame de Brionne.

Pour qui ?

CYPRIENNE.

Pour le divorce !

Elle pousse le fauteuil à gauche, laissant un bon passage entre la table et ce fauteuil.

MADAME DE VALFONTAINE.

Fi ! l'horreur !

Elle serre la main d'Adhémar.

TOUS, surpris.

Ah !

CLAVIGNAC, à Des Prunelles.

Tiens !

DES PRUNELLES, à mi-voix.

Elle s'en passe si bien !

CLAVIGNAC, de même.

Dis-le donc !

CYPRIENNE, lui désignant le fauteuil de gauche.

Quoi! ma toute belle, vous êtes contre?

MADAME DE VALFONTAINE, s'asseyant sur le fauteuil pendant que Cyprienne lui verse une tasse de thé.

Mais voyons, c'est le comble de l'abomination, votre divorce. Mariés à perpétuité, on se résigne, on se fait des concessions... Avec l'espoir du divorce, on poussera tout au pire, pour en venir à la rupture!... C'est la fin du mariage, tout bonnement.

MADEMOISELLE DE LUSIGNAN.

Oh! tant mieux!

TOUS.

Oh! Mademoiselle!

Cyprienne apporte la tasse à madame de Valfontaine, et Adhémar en profite pour chercher à lui prendre la main derrière le fauteuil.

MADEMOISELLE DE LUSIGNAN, remarquant le jeu de scène.

On ne verra pas toutes les horreurs qu'il étale à nos yeux!

Adhémar et Cyprienne s'éloignent vivement l'un de l'autre. — Cyprienne remonte la scène et écoute ce qui suit, accoudée derrière le canapé, entre Bafourdin et mademoiselle de Lusignan.

MADAME DE VALFONTAINE, à mi-voix, à Adhémar qui regagne l'extrême gauche.

Il est trop vert!

BAFOURDIN, se levant, sans quitter sa place.

Je demande pardon à Madame, mais je crois que loin de détourner du mariage, le divorce y pousse, au contraire... par la possibilité qu'il offre d'en sortir!

Il se rassied.

CLAVIGNAC.

Parbleu! — Le mariage actuel est une impasse. — Le divorce ouvre une sortie.

BAFOURDIN.

Et tel recule devant le cul-de-sac...

CLAVIGNAC.

...Qui se risquerait volontiers dans le passage.

MADAME DE VALFONTAINE.

Passage! C'est bien le mot! ce ne sera plus qu'un passage! — C'est indécent!

TOUS.

Oh! indécent?

ADHÉMAR.

Très agréable!

Il lui prend sa tasse et va la poser sur la table.

CLAVIGNAC.

Et utile!... Plus d'unions stériles!

BAFOURDIN.

Accroissement de population!

MADAME DE VALFONTAINE.

C'est ça, par exemple, qui m'est bien égal!

MADEMOISELLE DE LUSIGNAN, *méchamment.*

Et monsieur Des Prunelles qui ne dit rien dans son coin?

Tout le monde regarde Des Prunelles.

DES PRUNELLES.

Oh! moi... En principe, je suis contre le divorce !

TOUS, surpris.

Oh !

DES PRUNELLES.

Mais, dans l'application, je trouve ça excellent.

CLAVIGNAC, ADHÉMAR, BAFOURDIN.

Mais comme tout le monde.

ADHÉMAR.

Moi ! savez-vous ce que je trouve admirable dans le divorce ?

TOUS.

Ah ! voyons !

ADHÉMAR.

C'est qu'il supprime l'assassinat !... Comment, un malheureux jeune homme ne peut pas s'oublier avec une pauvre jeune femme, que tout le monde ne crie au mari : — « Tue-les ! »

MADAME DE BRIONNE, étourdiment.

Oh ! — On ne lui dit jamais ça !...

ADHÉMAR.

On ne lui dit pas ; — « Tue-le ? — Tue-la ? — Tue-les ? »

MADAME DE BRIONNE, riant.

Oh ! pardon, j'avais compris !...

ADHÉMAR.

Et le bourreau tire dans le tas, — pif, paf! Allez donc!..
Mais c'est sauvage!.. Ce n'est plus de notre temps!.. Et pourquoi ce massacre? — Parce qu'il n'a pas d'autre moyen de
se débarrasser de la femme et de l'amant, — Qu'on lui
donne le divorce!...

CLAVIGNAC.

Et vous n'avez plus rien à craindre!

ADHÉMAR.

Voilà!... je n'ai plus... (Se reprenant.) Il n'a plus rien!..

CLAVIGNAC.

Et le mari n'a plus qu'à vous camper sa femme dans les
bras pour être vengé!...

ADHÉMAR.

Voilà!... C'est-à-dire!...

CLAVIGNAC.

Si! si! C'est bien ça!

DES PRUNELLES, à part.

Quel idiot!

Adhémar remonte entre le fauteuil de madame de Valfontaine et la table.

CYPRIENNE, allant à Clavignac.

Vengé? Pardon, vous dites vengé!... Et vengé de quoi,
s'il vous plaît?

DES PRUNELLES, se levant et s'adressant à Cyprienne par-dessus la tête de Clavignac assis.

Mais du crime, Madame, du crime que cette femme a
commis!

CYPRIENNE.

Le crime?

DES PRUNELLES.

La faute, si ce mot vous suffit!

CYPRIENNE.

La faute! Mais avec le divorce, Monsieur, il n'y a plus de faute, puisqu'il permet de la réparer.

CLAVIGNAC, gêné entre eux deux, se levant et se dérobant.

Ça, c'est un aspect de la question!..

Il replace sa chaise doucement à sa place.

DES PRUNELLES, à Cyprienne qui descend, descendant aussi.

Et l'honneur du mari, Madame?

Même jeu.

CYPRIENNE, à Des Prunelles, par-dessus la tête de madame de Brionne.

Eh! Monsieur, le divorce le lui rend, son honneur, intact et remis à neuf! — De quoi se plaint-il?

ADHÉMAR, appuyant.

Parbleu!

Madame de Brionne s'est levée discrètement et est allée rejoindre Clavignac au fond à droite.

CYPRIENNE, prenant le milieu de la scène.

Ah! certes, je comprends qu'une honnête femme, rivée au mariage perpétuel, comprime les élans de son cœur, qu'elle dompte sa passion!... qu'elle dise à celui qu'elle aime : (A l'adresse d'Adhémar.) Non! je ne faillirai pas! Car, si nous étions découverts, ce serait le scandale, le déshonneur, la mort peut-être... Mais avec le divorce... (Gaiement.) Eh! bien, quoi, Monsieur, je vous ai trompé. Divorçons, voilà tout, et n'en parlons plus. Ce n'est donc pas loyal, ça?.. Ce n'est pas franc, ce n'est pas honnête ? Qu'est-ce qu'on veut de plus ?

DES PRUNELLES, allant à elle.

C'est ça !... Et. par conséquent, plus de scrupules, plus d'hésitations, n'est-ce pas? — Jolie morale !

CYPRIENNE.

Oh ! alors, Monsieur, si vous ne trouvez pas que la haute moralité du divorce, c'est précisément cette facilité de réparer la faute ?...

DES PRUNELLES, exaspéré.

Qui encourage à la commettre !

CLAVIGNAC ET MADAME DE BRIONNE.

Allons, du calme, du calme !

Tout le monde s'est levé. Madame de Brionne, mademoiselle de Lusignan et madame de Valfontaine remontent et prennent congé de Cyprienne, qui est allée les rejoindre. Bafourdin va prendre son chapeau au fond. Clavignac, à droite, cherche à calmer Des Prunelles.

ADHÉMAR, à part, gagnant le milieu de la scene.

Parfait! S'il n'y a que ça qui l'arrête... Je la tiens !... je la tiens ! (Haut.) Et dire que pendant que nous sommes ici à discuter la loi, la Chambre l'a peut-être votée déjà.

MADAME DE VALFONTAINE.

Ou rejetée !

BAFOURDIN, derrière le canapé.

En tout cas, nous ne saurons le résultat du vote que tard dans la soirée.

ADHÉMAR.

Mais non. (Regardant sa montre.) Dans une heure vous pourrez le connaître.

TOUS.

Une heure

ADHÉMAR, il passe derriere la table, ouvre le buvard, et tout en écrivant.

Oui... j'ai un ami journaliste qui est au mieux avec la préfecture. Je lui télégraphie à Châlons d'envoyer la nouvelle par dépêche, dès qu'elle arrivera.

Il prend le papier sur lequel il a écrit.

LES QUATRE FEMMES.

Oh! mais, courez, courez vite, alors.

ADHÉMAR.

J'envoie au télégraphe.

Il va prendre sa canne et son chapeau.

CYPRIENNE, l'accompagnant au fond.

Et faites-nous savoir le résultat...

ADHÉMAR.

Tout de suite!

Il sort.

MADEMOISELLE DE LUSIGNAN, allant à Bafourdin qui s'apprête à sortir.

Et madame Bafourdin est-elle contre le divorce, cher monsieur?

BAFOURDIN, sèchement.

Oui, Mademoiselle, et contre le célibat!

MADEMOISELLE DE LUSIGNAN, à part.

Insolent!

MADAME DE VALFONTAINE, à Cyprienne.

Au revoir, ma toute belle.

CYPRIENNE.

Au revoir.

BAFOURDIN, prenant congé.

Mesdames...

Il sort avec madame de Valfontaine.

MADEMOISELLE DE LUSIGNAN, descendant entre la table et le
canapé. A madame de Brionne.

Vous partez, chère Madame ?

MADAME DE BRIONNE.

Après vous, chère demoiselle.

MADEMOISELLE DE LUSIGNAN.

Votre modestie redoute les compliments que je ferais de
vous, après votre départ ?

MADAME DE BRIONNE, riant.

Non, c'est le contraire que je redoute... (Elle remonte par-
dessus le canapé.) Voulez-vous accepter une place dans ma
voiture ?

MADEMOISELLE DE LUSIGNAN.

Avec plaisir. (A part.) Petite sotte !

MADAME DE BRIONNE, allant à Cyprienne qui est remontée vers la
droite.

Je te sacrifie, ma chère. Elle va me dire un mal de toi !

CYPRIENNE.

Laisse-la dire !

MADAME DE BRIONNE, riant.

Tu peux y compter !

Elle salue Des Prunelles et Clavignac et sort avec mademoiselle de Lusignan.
Josépha entre par la gauche, 2e plan, met les tasses sur le plateau qu'elle
emporte.

CYPRIENNE, descendant à droite.

Monsieur Clavignac nous reste à dîner?

CLAVIGNAC.

Impossible à mon grand regret, chère madame. J'ai ce soir un repas d'amis.

CYPRIENNE.

Ce sera pour une autre fois. (Bastien sort du cabinet et apporte à Des Prunelles son chapeau et son paletot.) Bastien, faites atteler ; je sors.
Elle passe devant la table et va chercher sur la cheminée les livres et les brochures.

BASTIEN.

Oui, Madame.

DES PRUNELLES, son paletot sur le bras, à Clavignac.

Viens-tu avec moi?

CLAVIGNAC.

Où donc ?

DES PRUNELLES.

Au cercle.

CLAVIGNAC.

Parfaitement.

CYPRIENNE.

Alors... si je ne vous revois pas... Bon voyage !

Elle tend la main à Clavignac.

CLAVIGNAC.

Chère madame !

Cyprienne entre chez elle.

DES PRUNELLES, passant devant Clavignac et se retournant vers lui, dès que Cyprienne a fermé la porte. Brusquement.

Comprends-tu la situation ? *

CLAVIGNAC.

Pas du tout !

DES PRUNELLES, à mi-voix.

Je dis que je vais au cercle... je n'y vais pas. — Elle dit qu'elle va sortir... Elle ne sort pas. Adhémar attend le signal au coin de la rue. (Il repasse à droite.) Elle le donne, il vient... Et ici mon petit traquenard. (Il fait tourner avec un léger craquement le bouton de la porte de droite.) Viens chez moi.

Il remonte vers le fond, derrière le canapé.

CLAVIGNAC, allant prendre son chapeau.

Et dire que dans tous les ménages !...

DES PRUNELLES.

Chut ! Elle nous écoute !.. (Haut, avec affectation.) Veux-tu un cigare ?

CLAVIGNAC, de même.

Dans la rue !

DES PRUNELLES, idem.

Alors, en route !

CLAVIGNAC.

En route !

Musique.

Ils remontent au fond, faisant semblant de sortir par la gauche, mais dans le vestibule, Des Prunelles arrête Clavignac, le pousse à droite dans son cabinet et referme la porte.

* Des Prunelles, Clavignac.

CYPRIENNE, elle sort de chez elle avec précaution, va regarder au fond, s'assure qu'ils sont sortis par le vestibule, puis sans rien dire, va détacher la persienne de la fenêtre qui descend de toute sa hauteur.

Le signal!... (Elle redescend lentement.) J'ai longtemps médité ce problème: Comment respecter mes devoirs.. en les oubliant! Et j'ai trouvé!.. c'était difficile, mais j'ai trouvé!.. Je congédie Adhémar jusqu'à nouvel ordre... Voilà pour les devoirs, et... C'est lui!

SCÈNE V

CYPRIENNE, ADHÉMAR, puis JOSÉPHA.

ADHÉMAR, entrant mystérieusement par la petite porte de droite, à lui-même.

Le télégramme est parti!... (Haut.) Seule?...

CYPRIENNE.

Seule! — Il est à son cercle! Entrez vite!

ADHÉMAR, entrant.

O Cyprienne!.... (La porte se referme vivement d'elle-même. Aussitôt on entend une sonnerie électrique qui continue pendant toute la scène. Adhémar s'arrêtant étonné.) Hein?

CYPRIENNE.

Cette sonnerie?

ADHÉMAR.

Qu'est-ce que c'est que ça?

CYPRIENNE, effarée.

Je ne sais pas!

ADHÉMAR.

Un télégraphe?

CYPRIENNE.

Mais c'est odieux, Monsieur! Faites cesser ce bruit.

ADHÉMAR, ahuri.

J'allais vous en prier!

CYPRIENNE, courant à la porte.

Mais c'est la porte! Vous voyez bien que c'est la porte!

ADHÉMAR, de même.

La porte!

CYPRIENNE.

Oh! oh!

Elle remonte derrière le canapé.

ADHÉMAR, à la porte et cherchant à l'ouvrir,

Malédiction!... cette porte résiste!

CYPRIENNE.

Fermée!

JOSÉPHA, entrant par la gauche, premier plan.

Madame a sonné?

CYPRIENNE, hors d'elle-même.

Mais ce n'est pas moi!.. C'est mon mari!... (Le bruit de
la sonnette se double d'un autre timbre. Cyprienne descend à droite.) Un
piège!... C'est un piège!... Nous sommes perdus!...
Fuyez!

ADHÉMAR, affolé, passant devant elle.

Mais par où?

CYPRIENNE ET JOSÉPHA, lui montrant le fond.

Par là!

ADHÉMAR, tournant sur lui-même.

Où ça!... Où!

CYPRIENNE ET JOSÉPHA.

Au fond!

Adhémar s'élance entre la table et le fauteuil, suivi de Cyprienne. Au moment où
il arrive dans le vestibule, Des Prunelles ouvre la porte du cabinet qui donne
dans ce vestibule, bondit devant lui et lui ferme le passage.

CYPRIENNE.

Trop tard!

Adhémar effrayé recule en scène vers la droite, Des Prunelles emboîtant le pas sur
lui d'un air menaçant, puis s'efface à gauche, tandis que Des Prunelles, arrivé à la
porte, presse le bouton. La sonnerie cesse aussitôt.

ADHÉMAR, à lui-même.

Pincé!...

DES PRUNELLES, à Josépha.

Laissez-nous!

JOSÉPHA, à part.

Pas à la noce, Madame !

Elle sort par la gauche, 1er plan.

Josépha, Cyprienne, Adhémar, Des Prunelles.

SCÈNE VI

CYPRIENNE, ADHÉMAR, DES PRUNELLES

Cyprienne et Adhémar se tiennent immobiles.

DES PRUNELLES, à Adhémar.

Nous causerons plus tard, mon jeune Monsieur!... Pour le moment, vous alliez sortir, je crois?

ADHÉMAR, abasourdi.

Oui, je crois... je crois aussi que j'allais... Mais... par où?

DES PRUNELLES, ouvrant la porte de droite.

Par là!

ADHÉMAR, hésitant.

Sans musique?

DES PRUNELLES.

Sans musique!

ADHÉMAR, saluant.

Mille grâces!

Il s'élance dehors.

DES PRUNELLES, fermant la porte vivement.

Et au revoir!...

CYPRIENNE, derrière le fauteuil de gauche, à part.

Allons, c'est la crise! — La voilà, la crise!

SCÈNE VII

CYPRIENNE, DES PRUNELLES.

DES PRUNELLES, allant à Cyprienne et rapprochant le fauteuil
de la table en faisant signe à sa femme de s'asseoir. *

Et maintenant, Madame, causons, si vous le voulez
bien !.. Vous vous demandez peut-être comment j'ai
appris que vous continuiez à recevoir votre cousin Adhémar, malgré ma défense?

CYPRIENNE, assise.

Non, Monsieur.

DES PRUNELLES.

Non ! — Eh bien, je vais vous le dire. — (Avançant la chaise
devant la table et s'asseyant.) Hier au soir, j'étais au cercle...
Adhémar entre, j'entends un petit rire et quelques plai-
santeries un peu salées. La raison de cette hilarité était
des plus futiles ; un flocon de laine qui pendillait à la
basque de son habit. — Adhémar venait de détacher l'objet
en question, quand il m'aperçoit, se mord les lèvres, jette
le fil à terre et dit trop haut et avec trop d'affectation :
« On voit bien que j'ai dîné chez ma sœur ! » — Puis il
se dérobe. Je ne dis rien, je ne perds pas de vue le fil
de laine sur le tapis, je le saisis au moment où nul ne

* Cyprienne, Des Prunelles.

m'observe, je le ramasse, — et le voilà ! (Mouvement de Cyprienne.) Oui, rose-chine. (Il se leve et va prendre un écheveau de laine dans la corbeille à ouvrage sur le guéridon près de la fenêtre.) Rentré chez moi, je vais droit à votre corbeille à ouvrage, je saisis cet écheveau... (Il revient à la table avec l'écheveau d'une main et le fil de laine de l'autre.) Je compare... (Il présente les deux objets.) Et ce rapprochement a trop d'éloquence pour que j'en atténue l'effet par un commentaire inutile !..

CYPRIENNE, froidement.

Après, Monsieur ?

DES PRUNELLES.

Donc, puisque Adhémar il y a, dites-moi de grâce, pourquoi vous le recevez à mon insu ?.. qu'est-ce qui motive et justifie de votre part un tel oubli de tous vos devoirs ? Je ne suis pas un mari bien fâcheux ni bien incommode. Je ne suis ni brutal, ni malappris, ni avare, ni tracassier ! Je vous ai fait la vie la plus douce et la plus facile qui soit !.. Je ne m'emporte jamais !.. j'ai des goûts simples, je mène une vie régulière, je ne me suis même marié que pour cela ; je n'ai pas des contours académiques ; mais je possède une certaine distinction. (Il se rassied.) Je ne suis pas précisément fougueux ; mais de temps à autre, j'ai d'aimables élans de tendresse... Enfin, Madame, sans me flatter, j'ai la prétention de croire que je vous rends aussi heureuse qu'une femme peut l'être !..

CYPRIENNE, à elle-même, avec un petit rire amer.

Ah ! ah !

DES PRUNELLES.

Plaît-il ?

CYPRIENNE,

Je vous attendais là ! C'est admirable, ma parole d'honneur ! « Aussi heureuse qu'une femme peut l'être ! » Et qu'est-ce que j'en sais, Monsieur ?.. C'est vous qui le dites ! Mais jusqu'à quel point une femme peut être heureuse ? Où l'ai-je appris ?.. Quand ?.. Comment ?.. Avec qui ?

DES PRUNELLES.

Mais...

CYPRIENNE.

Enfin, Monsieur, quand vous dites de moi, à vos amis : « C'est une femme délicieuse ! » Vous me mettez en balance avec d'autres ! Vous avez dans l'esprit des termes de comparaison ! Où sont-ils, mes termes de comparaison à moi, pour vous proclamer un homme remarquable ?...

DES PRUNELLES.

Je...

CYPRIENNE.

Non ! C'est inouï ! cet aplomb des hommes ! — Oh ! vous avez bien arrangé les choses à votre convenance, Messieurs; elle est charmante, la société que vous nous avez faite ! Charmante pour vous ! — Ils sont jeunes, ils piaffent, ils bondissent ! « Amuse-toi, mon ami, dit la maman, c'est de ton âge ! » Jette ta gourme, mon garçon, dit le papa, c'est ta santé ! » Et monsieur gambade, caracole de la blonde à la brune, à la rousse. Et allez donc !... Puis, quand il en a jusque-là, qu'il est éreinté, fourbu, rendu, n'en peut plus !.. « Ouf ! si je me mariais !» On lui jette dans les bras une pauvre petite jeune fille toute tremblante, toute naïve, que sa mère a toujours couvée sous ses jupes, qui ne sait de la vie que ce qu'on lui cache, de la nature, ce qu'on lui défend, et de l'amour, ce qu'elle en devine. Et monsieur lui dit en la serrant un peu mollement dans ses bras fatigués : « Êtes-vous assez

heureuse d'être tombée sur un gaillard tel que moi !..
On n'aime pas mieux que je ne vous aime; on n'embrasse
pas plus énergiquement que je ne vous embrasse ! » Et
la pauvre jeune femme qui trouve l'étreinte un peu lâche,
se dit en soupirant : « Quoi !... tout de bon... Il n'y a
pas mieux?.. Moi qui me figurais... C'est drôle... Enfin!.. »
La bécasse se laisse convaincre; l'indifférente se résigne.
(Elle se lève.) Mais la femme, la vraie femme, comme moi,
Monsieur, se dit : « Allons donc ! Quelle farce ! Il y a
mieux que ça ! Et ce n'est pas pour si peu qu'on se pas-
sionne, qu'on s'exalte jusqu'à la folie!... jusqu'au crime!...
qu'on empoisonne et que l'on tue!.. Roméo ne se serait pas
exposé, pour de si molles étreintes, à se casser les reins en
tombant d'un quatrième, ni Léandre à se noyer, en fran-
chissant les mers orageuses ! — Le jeu n'en vaudrait pas
la chandelle. — Il y a autre chose, et bien supérieur. » Et
cette femme-là, Monsieur, cherche, interroge, étudie,
s'informe, et après une solide enquête et de fortes étu-
des, elle est en mesure de vous dire carrément : « Allons!
allons ! (Lui frappant sur l'épaule.) Vous êtes un farceur! Et je
suis volée ! »

DES PRUNELLES, se levant.

Madame ! *

CYPRIENNE, passant à droite.

Je suis volée, Monsieur, voilà tout, je suis volée! — Du
reste, cela devait être!... C'est partout comme ça ! —
Le mariage... qu'est-ce pour vous autres? Vos invalides!
Tandis que pour nous, c'est l'entrée en campagne! (S'asseyant
sur le pouf.) Au couvent, qu'ai-je rêvé, en fille honnête?
Un mariage qui réalisât tout ce que la passion com-
porte d'ivresses!... Un mari qui fût à la fois un héros et

* Des Prunelles, Cyprienne.

mon amant ! Je vous voyais jeune, beau, svelte, élégant !
Tour à tour tendre et menaçant, soumis et despote, et ne
cessant de ramper à mes pieds (Se levant.) que pour bondir
sur moi comme un tigre!... et broyer dans d'effroyables
étreintes mes chairs palpitantes! Enfin des choses exquises!
Et au lieu de ça, rien! jamais rien!... La morne solitude, un
marécage, l'eau plate et croupissante!... Le tic-tac régulier
du coucou domestique; le ronron monotone du pot-au-feu
conjugal, qui mijote à feu doux, et que j'écume avec
ennui, d'une main nonchalante! — Et jamais le piment!.. jamais l'acide! Jamais rien qui relève, ragoûte et ravigotte !
Je fais appel à votre cœur usé, comme votre estomac, et
comme lui réduit aux émollients... et je lui crie : « Mais je
suis jeune, moi, et bien portante, moi! Mais au nom du
ciel, Monsieur, je vous en conjure, un peu de truffes, du
champagne, quelques épices!.. » Vous me répondez: « Non,
Madame, non, mais de la graine de lin, s'il vous plaît des
épinards et du chiendent! ». (Elle va tomber assise sur le fauteuil à
l'extrémité droite.)

DES PRUNELLES.

Je ne sais vraiment pas ce qu'il vous faut. J'ai pourtant
fait mon possible...

CYPRIENNE, se redressant à demi, puis retombant la figure sur le dossier du fauteuil.

Ah!... Oh! bien!... Oh! maman!...

DES PRUNELLES, allant à elle.

Je ne peux vraiment pas, sous prétexte de piment, me
déguiser en brigand calabrais, pour entrer chez vous par
a fenêtre!

CYPRIENNE.

Oh! naturellement, Monsieur! Ce sont de ces choses

qu'on ne fait que pour ses maîtresses, quand on est jeune;
et vous en avez trop abusé!

DES PRUNELLES.

Moi?

CYPRIENNE.

Témoin cette armoire où M. Bafourdin vous enferma,
par mégarde, chez sa femme, et où vous faillites étouffer!

DES PRUNELLES.

Vous savez?..

CYPRIENNE, se levant.

Ou encore la jolie madame Brignois, chez qui vous alliez
déguisé en modiste...

DES PRUNELLES.

Vous parlez de loin!..

CYPRIENNE, regagnant la gauche. *

Voilà de la passion! du roman! des aventures! A la
bonne heure!

DES PRUNELLES, modestement.

Oh! mon Dieu!..

CYPRIENNE.

Mais moi, Monsieur, moi!... je n'ai jamais connu tout
ça que par ouï-dire!

DES PRUNELLES.

Je m'en réjouis!

* Cyprienne, Des Prunelles.

CYPRIENNE.

... Grâce à cette société marâtre qui, jeunes filles, nous comprime; femmes, nous opprime; et vieilles,.. nous supprime!

DES PRUNELLES.

Et qu'est-ce que vous voulez qu'elle fasse, cette pauvre société?

CYPRIENNE, allant à lui.

Ce que je veux, Monsieur?... Je veux qu'au lieu d'enfermer la jeune fille on lui permette de courir à son aise, comme le jeune garçon!... Quand elle aura un peu vécu, elle pourra se reposer comme vous, dans le mariage : et vous aurez une épouse vertueuse et fidèle, car elle n'aura plus de grandes curiosités à satisfaire.

DES PRUNELLES.

Où diable puisez-vous ces belles idées-là?

CYPRIENNE.

Dans mes réflexions, Monsieur, et dans mes lectures!... (Allant à la table à gauche.) Lisez le dernier livre de monsieur...

DES PRUNELLES, vivement.

Dieu le bénisse! — Et vous croyez qu'il se trouvera un homme assez fou pour épouser une jeune personne dans ces conditions-là?

CYPRIENNE, derrière le fauteuil, les deux mains sur le dossier.

On en trouve bien d'assez folles pour vous épouser dans des conditions pareilles?

DES PRUNELLES, devant la table.

Mais, saprebleu! Madame, entre l'homme et la femme il y a un abîme!

CYPRIENNE.

Oui!... C'est le mariage !

DES PRUNELLES.

Tenez, Madame !..

CYPRIENNE, redescendant.

Tenez, Monsieur ! — Vous êtes la routine, moi le progrès.
— Nous ne pourrons jamais nous entendre... Trêve de phi-
losophie sociale, s'il vous plaît, et rentrons dans la question !

DES PRUNELLES.

Soit ! — La question, c'est Adhémar !

CYPRIENNE.

C'est Adhémar !

DES PRUNELLES.

Vos intentions sur Adhémar... je vous prie ?

CYPRIENNE.

J'allais lui ôter tout espoir, quand vous avez fait votre
apparition saugrenue !

DES PRUNELLES.

Je la regrette.

CYPRIENNE.

Vous ne seriez pas un mari, si vous ne faisiez pas
des sottises !

DES PRUNELLES.

Enfin, vous ?...

CYPRIENNE.

Monsieur, je serai franche.

DES PRUNELLES.

Je vous en prie !

CYPRIENNE.

Si je n'étais pas une honnête femme, après ce que vous venez de faire, votre accident serait irrémédiable !

DES PRUNELLES.

Ah !

CYPRIENNE.

Mais je suis une honnête femme... malheureusement !... On m'a inspiré, dès l'enfance, une foule d'idées fausses, de préjugés absurdes, dont je n'ai pas encore su me défaire ; et entre autres superstitions, j'ai la faiblesse d'accorder quelque importance au serment de fidélité que je vous ai prêté devant monsieur le Maire ! Ma raison me dit bien qu'on a abusé de mon ignorance pour m'arracher une promesse dont je ne comprenais pas la portée !... Absurde ou non, le serment est fait : je le tiendrai !

DES PRUNELLES.

Bon cela !

CYPRIENNE.

Quoi qu'il m'en coûte !...

DES PRUNELLES.

Peu importe !... pourvu...

CYPRIENNE.

Seulement, je vous préviens avec la même loyauté, que cette fidélité n'a qu'un caractère temporaire et transitoire !

DES PRUNELLES.

Hein !

CYPRIENNE.

Car si le divorce est voté !... Oh ! là là !

DES PRUNELLES.

Ah !

CYPRIENNE.

Oh ! vous sentez bien, Monsieur, que je ne suis pas assez sotte pour ne pas mettre à profit la porte de sortie que m'ouvrira le législateur. Et le divorce réparant tout !...

DES PRUNELLES.

Oui, je connais la théorie !

CYPRIENNE.

Vous êtes donc prévenu !

DES PRUNELLES.

Alors comme alors, Madame. — Mais, en attendant, trêve d'Adhémar !

CYPRIENNE.

Jusqu'à nouvel ordre, oui, Monsieur.

DES PRUNELLES.

Ou je lui coupe les oreilles, jusqu'à nouvel ordre.

CYPRIENNE.

Cela se dit !

DES PRUNELLES.

Cela se fait !

CYPRIENNE.

Avons-nous épuisé la question, Monsieur ?

DES PRUNELLES.

Entièrement !

CYPRIENNE.

Alors, trouvez bon que je vous tire ma révérence.

DES PRUNELLES, remontant vers le fond, à droite.

Comme il vous plaira !

CYPRIENNE, gagnant la gauche.

Il me plaît beaucoup.

DES PRUNELLES, saluant.

Madame !

CYPRIENNE, de même.

Monsieur !

Elle rentre chez elle, à gauche, 1er plan, en même temps que Des Prunelles entre chez lui, au fond, à droite, en fermant tous deux violemment leurs portes.

SCÈNE VIII

ADHÉMAR, puis JOSÉPHA.

Dès qu'ils sont sortis, Adhémar ouvre tout doucement la petite porte du jardin et passe sa tête avec précaution. Après quoi, il franchit le seuil sans lâcher la porte, de peur que la sonnerie ne se mette en branle, et n'entre qu'aux trois quarts. Au même moment Josépha revient du fond pour aller chez sa maîtresse.

ADHÉMAR, désignant la porte de Des Prunelles.

Il est rentré chez lui. (Apercevant Josépha et l'appelant à mi-voix.) Josépha !

JOSÉPHA.

Ah!

ADHÉMAR, à mi-voix.

Tais-toi !

JOSÉPHA, effrayée, de même.

Mais la sonnerie! la porte !

ADHÉMAR.

Non. Elle ne sonne que quand elle est fermée. Je la tiens. — Où est ta maîtresse?

JOSÉPHA.

Chez elle!

ADHÉMAR.

Qu'elle vienne !

JOSÉPHA.

Mais...

ADHÉMAR.

Vite donc! C'est urgent! Malheureuse, va donc!

JOSÉPHA.

J'y vole!

Elle sort par la gauche, 1ᵉʳ plan.

ADHÉMAR, seul. Il entre un peu plus en scène en continuant à prendre une foule de précautions pour que la porte ne se ferme pas.

Ah! tu as recours à l'électricité, mari astucieux!... Eh bien, moi aussi, je joue de l'électricité!... Le télégraphe est mon complice!... J'ai télégraphié à Dumoulin et je lui ai dicté sa réponse, en la justifiant par : — « Il s'agit d'une bonne farce ! » — Une farce infernale ! (Il fait un geste, la porte lui échoppe et va se fermer. Il la rattrape à point.) Oh! il était temps ! (Reprenant.)... Infernale, dis-je... Dumoulin m'a répondu illico! Voilà son télégramme. (Il le tire de sa poche.) C'est décisif! A présent, elle ne peut plus se retrancher derrière de vains scrupules! Elle est à moi, ô bonheur! (Même jeu de la porte.) Ciel ! (Il la rattrape). Cristi ! que c'est donc gênant!

SCÈNE IX

ADHÉMAR, CYPRIENNE.

CYPRIENNE, sortant de chez elle, mais restant près de sa porte de peur d'être surprise par son mari.

Vous?

ADHÉMAR, même jeu à droite, de peur que la porte ne se ferme.

Moi !

CYPRIENNE.

Encore ?

ADHÉMAR.

Toujours !

CYPRIENNE.

La sonnerie?

ADHÉMAR, montrant son pied qui empêche la porte de se fermer.

Non, mon pied !

CYPRIENNE, montrant la porte du fond, à droite.

Mon mari !... Revenez plus tard !

ADHÉMAR.

Jamais !

CYPRIENNE.

Hein ?

ADHÉMAR.

C'est vous qui viendrez chez moi.

CYPRIENNE.

Chez vous ?

ADHÉMAR.

Qu'avez-vous dit, ô mon ange ? « Avec le divorce, il n'y a plus de faute ! »

CYPRIENNE.

Oui !

ADHÉMAR.

« Qu'on le vote ! et pas une femme honnête n'hésitera à tromper son mari ! »

CYPRIENNE.

Oui ! — O rêve !

ADHÉMAR.

Réalité !

CYPRIENNE.

Quoi ?

ADHÉMAR.

C'est fait !

CYPRIENNE,

Le divorce ?

ADHÉMAR.

Voté !

CYPRIENNE.

Ah !

ADHÉMAR.

Voyez plutôt !

Il lui tend le télégramme et, pour abréger la distance, retient la porte avec sa canne
en se fendant de toute sa longueur.

CYPRIENNE, effrayée.

La porte !

ADHÉMAR, même jeu.

Non ! La canne ! — Je me fends ! — Lisez !

CYPRIENNE, s'avançant entre la table et le canapé, elle saisit le télégramme
et le lit.

« Divorce voté ! — Majorité énorme ! — Dumoulin ! » —
Libre ! (On entend la voix de Des Prunelles). — Musique.) Fuyez !

Elle regagne vivement la porte en laissant le télégramme sur la table.

ADHÉMAR, qui a regagné la porte de droite et prêt à sortir.

Chez moi ! — Je vous attends !

CYPRIENNE, de même, à la porte de gauche.

Déjà ?

ADHÉMAR.

Tout de suite

CYPRIENNE.

Mais !

ADHÉMAR.

Divorce !

CYPRIENNE.

Pourtant...

ADHÉMAR.

Répare !!...

CYPRIENNE.

Eh bien ?

ADHÉMAR.

Achève !

CYPRIENNE.

Oui !!

Elle s'enfuit chez elle.

ADHÉMAR, radieux, s'élançant dehors.

Ah !

La porte retombant, la sonnerie repart.

SCÈNE X

DES PRUNELLES, CLAVIGNAC, puis JOSÉPHA, BASTIEN.

DES PRUNELLES, rouvrant violemment sa porte et se précipitant sur la scène suivi de Clavignac.

Infamie ! — Il était là !

CLAVIGNAC, ahuri.

Cette sonnerie?

DES PRUNELLES, arrêtant la sonnerie. La musique cesse.

Son glas funèbre!

CLAVIGNAC.

Henri!

DES PRUNELLES, hors de lui, descendant.

Sa vie! J'aurai sa vie!

CLAVIGNAC.

Calme-toi!

DES PRUNELLES, assis à la droite de la table, frappe sur le timbre.

Saute en voiture et va porter à ce gredin mon cartel! (Il écrit fiévreusement.) « Misérable! — L'un de nous est de trop! — C'est toi! »

CLAVIGNAC, près de lui, derrière la table.

Ah! permets!

DES PRUNELLES.

« C'est toi!... » Où est l'encre?... La colère m'aveugle... L'encre!... l'encre!... (En cherchant à puiser dans l'encrier, il pique avec sa plume le télégramme et, relevant la plume, le porte à sa vue.) Un télégramme? (Entrent Josépha et Bastien. (Il lit.) « Dumoulin à Adhémar. » (Il se lève, passe à droite, lit à part le télégramme et regarde la porte de droite avec un éclat de rire sardonique.) Ah! ah! ah! bandit! faussaire, va! Cette ruse pour... (Bondissant avec un cri d'effroi.) Ciel!

Il court à Josépha qui est à gauche devant la porte de sa maîtresse.

CLAVIGNAC ET LES DOMESTIQUES, effrayés.

Hein

DES PRUNELLES, à Josépha, lui serrant le poignet et avec anxiété lui montrant la chambre de Cyprienne.

Madame?...

JOSÉPHA, effrayée.

Madame s'habille pour sortir !

DES PRUNELLES, à lui-même.

Ouf ! Il était temps ! Elle y allait ! (A Josépha.) Filez, vous ! (Josépha se sauve. Bastien va sortir.) Ne bougez pas !

Bastien s'arrête, Des Prunelles remonte par la gauche à la table face au public.

CLAVIGNAC, stupéfait.

C'est une attaque !

DES PRUNELLES.

Se frappant le front d'un air inspiré et déchirant la lettre commencée, en écrit une autre, tout en restant debout.

Autre chose : — « Mon cher cousin, soyez donc assez aimable pour venir causer avec moi. (Il plie la lettre et la met dans l'enveloppe déjà prête). J'ai à vous faire des propositions bien amicales ! »

CLAVIGNAC, le regardant d'un air consterné.

Ah ! une douche alors !...

DES PRUNELLES, lui passant la dépêche.

Tiens, lis. (Tendant la lettre à Bastien.) Bastien ! — ceci à M. Adhémar ! — Allez !

Bastien sort.

CLAVIGNAC, qui a lu, saisissant son chapeau.

Voté ! le divorce ! — Je cours prévenir mon avoué.

DES PRUNELLES.

Et toute la ville!...

CLAVIGNAC.

Et toute la ville!... compte sur moi!

> Il sort en courant par le fond.

DES PRUNELLES, froidement, allumant une cigarette, et jetant un regard sur la porte de gauche, 1er plan.

Maintenant, une cigarette... et jouons serré !

————————

ACTE DEUXIÈME

Même décor. — Autre plantation. — La table du milieu est, dans sa longueur, perpendiculaire à la rampe. — Tout contre la table, à gauche, le canapé, presque face au public. — A gauche du canapé, la petite table à ouvrage, et, derrière, une chaise volante. — A droite de la table, le fauteuil qui était à gauche au premier acte. — Sous la table, le tabouret. — Sur la table, le code, le timbre et quelques brochures. — Le pouf est devant la fenêtre. — Le reste comme au premier acte. — La persienne extérieure de la fenêtre est levée.

SCÈNE PREMIÈRE

JOSÉPHA, BASTIEN.

JOSÉPHA.

Elle brosse un chapeau de femme sur le seuil de la porte de gauche, 1er plan, après avoir déposé le manteau de Cyprienne sur la chaise. — A Bastien qui entre par le fond portant les journaux sur un plateau.

Allons donc, vous, arrivez donc!...

BASTIEN

Oui, mon ange!

JOSÉPHA.

Eh bien, cette voiture, voyons, est-ce prêt?...

5

BASTIEN.

Quelle voiture?

JOSÉPHA.

Le coupé que Madame attend !

BASTIEN.

Je viens de faire une course : je ne sais pas. Je vais demander au valet de pied, dès que j'aurai vu Monsieur.

JOSÉPHA.

Et plus vite que ça !

Elle sort par la gauche, 1er plan.

BASTIEN.

Le voilà !

Des Prunelles sort de son cabinet.

SCÈNE II

BASTIEN, DES PRUNELLES, puis JOSÉPHA.

BASTIEN, derrière la table.

Monsieur, voici vos journaux !

Il les pose sur la table.

DES PRUNELLES.

Déjà? — Vous êtes allé chez monsieur Adhémar?

BASTIEN.

J'en viens, Monsieur !

DES PRUNELLES.

Vous l'avez vu?

BASTIEN.

Oui, Monsieur... Je n'ai pas plus tôt sonné qu'il a ouvert la porte en me criant avec joie : — « Enfin! c'est toi! » Je dois dire qu'après m'avoir vu, il a paru si bête de m'avoir tutoyé...

DES PRUNELLES.

Vous lui avez remis ma lettre?

BASTIEN.

Qu'il a lue, oui, Monsieur, deux fois !

DES PRUNELLES.

Et il vous a donné une réponse?

BASTIEN.

Non, Monsieur, il m'a seulement dit, toujours très ennuyé de s'être permis de me tutoyer: « Dites à Monsieur que j'irai certainement, dites-le bien! »

DES PRUNELLES.

C'est bon, allez.

Il prend les journaux.

JOSÉPHA, reparaissant, à Bastien.

Eh bien! Madame s'impatiente, et cette voiture?

BASTIEN.

J'y cours !

DES PRUNELLES, tranquillement, descendant à droite.

C'est inutile! — Dites à Madame que la voiture n'est pas prête!

JOSÉPHA.

Ah!

DES PRUNELLES.

J'ai dit au cocher de ne pas atteler!

JOSÉPHA, stupéfaite.

Ah! Monsieur a dit?...

DES PRUNELLES.

Les chevaux sont malades!

JOSÉPHA.

Ah! les chevaux sont?...

DES PRUNELLES.

Oui. (A Bastien.) Qu'est-ce que vous attendez, vous?

Bastien sort par le fond.

JOSÉPHA, à elle-même, en s'éloignant à gauche.

Eh bien! merci. Eh bien! excusez du peu. Ça va être gentil tout à l'heure!...

DES PRUNELLES, détachant la bande d'un journal.

Vous dites?

JOSÉPHA.

Rien, Monsieur. Je dis: Ah! ces pauvres chevaux! (A part.) Gare là-dessous.

Elle sort par la gauche, 1er plan.

SCÈNE III

DES PRUNELLES, puis CYPRIENNE.

DES PRUNELLES, seul.

C'est bien cela. Il l'attendait!.. Cette fausse nouvelle n'avait pour but que de la décider!... Ah! si mon malheur n'est pas aussi complet que je le redoute, bandit, que j'aurai donc plaisir à tourner ta propre ruse contre toi, en feignant de vouloir divorcer! — Il la tutoie! — Jusqu'à quel point a-t-il le droit de la tutoyer? — Voilà la question!

Il ouvre le journal et s'asseoit sur le fauteuil, à droite de la table.

CYPRIENNE, dans la coulisse de gauche, exaspérée.

Ah! c'est Monsieur?

JOSÉPHA, de même.

Oui, Madame.

DES PRUNELLES, à lui-même.

Ça y est!

CYPRIENNE, même jeu.

Monsieur s'est permis?.. (Partant d'un éclat de rire strident et se rapprochant.) Eh bien, nous allons rire!

DES PRUNELLES, feignant de lire.

Ça y est bien!

CYPRIENNE, sortant de chez elle tout d'un trait et jetant son chapeau sur une chaise, devant le canapé. *

Ah! vous voilà, Monsieur! (Tournant le canapé et le fauteuil.) C'est vous qui défendez à mon cocher d'atteler mon coupé?**

DES PRUNELLES, tranquillement, fermant son journal et se levant.

C'est moi, chère amie.

CYPRIENNE.

Sous prétexte que mes chevaux sont malades?

DES PRUNELLES, de même.

Sous prétexte, vous l'avez dit.

CYPRIENNE.

Monsieur!...

DES PRUNELLES, de même.

Pardon, chère amie... Permettez d'abord. (Il pose le journal sur la table et va tranquillement, devant Cyprienne ahurie, fermer la porte de gauche, premier plan, qu'elle a laissée ouverte, revient à elle, lui prend les mains et la conduit au canapé. Cyprienne stupéfaite hésite à s'asseoir. Il insiste galamment.) Je vous en prie. (Cyprienne s'assied machinalement, en le regardant avec stupeur..) Là!... (Il s'assied près d'elle.) Voilà comme nous devons causer désormais, en bons amis. (Il lui prend les mains qu'elle abandonne sans comprendre.) la main dans la main... grâce à ce petit papier...

Il a tiré le télégramme de sa poche et le lui montre, en soulevant sa main.

CYPRIENNE, surprise.

Ah!

DES PRUNELLES, gaiement.

Vous m'avez compris?

Cyprienne, Des Prunelles.
Des Prunelles assis, Cyprienne.

CYPRIENNE, poussant un cri de joie.

Le divorce ?

DES PRUNELLES.

Le bienheureux divorce !

CYPRIENNE, inquiète.

Mais tantôt, vous disiez ?...

DES PRUNELLES.

Tantôt, chère enfant, je n'osais pas y croire ! — Mais du moment que c'est voté !

CYPRIENNE.

Vous consentiriez ?...

DES PRUNELLES.

Ah ! je crois bien !

CYPRIENNE, avec joie.

Et nous divorçons ?

DES PRUNELLES.

Quand vous voudrez !

CYPRIENNE, l'embrassant éperdument.

Ah ! que tu es gentil !... Ah ! que tu es donc gentil !... que je t'aime !... (S'arrêtant.) Non ! c'est sérieux ?... c'est bien vrai ?... ce n'est pas une fausse joie que tu me donnes ?... nous divorçons ? — C'est juré ?

DES PRUNELLES.

Lâche qui s'en dédit !

CYPRIENNE.

O mon bon chéri ! Quel bonheur ! — Mais commen ?

DES PRUNELLES.

Ah ! quant aux procédés, chère amie, nous n'avons que le choix !... Nous en causerons tout à l'heure... Pour l'instant, soyons tout à la joie de cette séparation si franche !

CYPRIENNE.

Si cordiale !

DES PRUNELLES.

Si tendre !

CYPRIENNE.

Ah ! c'est bien vrai... Je ne t'ai jamais tant aimé. Ah ! que je t'aime donc !

Elle lui prend la tête des deux mains et l'embrasse.

DES PRUNELLES, l'embrassant, de même.

Chère petite !... Et c'est si simple !... On ne se plaît plus, on se quitte bons amis ; au lieu de vivre, comme chien et chat, à se disputer, à se faire un tas de niches et de misères !...

CYPRIENNE, riant.

Oh ! ça !... M'en as-tu fait, des misères ?

DES PRUNELLES, de même.

Et toi, des niches !... Nous pouvons bien en rire maintenant, n'est-ce pas ?... On ne s'en veut plus, on en rit !

CYPRIENNE, gaiement.

Oui, ce n'est plus que drôle. — M'as-tu assez espionnée, gros tyran ?... Va !

Elle lui pince le menton.

DES PRUNELLES, de même.

Pas assez !

CYPRIENNE, de même.

Oh ! merci !... Et la sonnerie électrique ?

DES PRUNELLES, de même.

Ah ! ça, c'est assez trouvé, n'est-ce pas ?... ma petite sonnerie ?

CYPRIENNE, de même.

Mais ce qu'il y a de plus drôle, c'est que je t'ai entendu la nuit !

DES PRUNELLES, de même.

Allons donc !...

CYPRIENNE, de même.

Mais oui !... Je me disais : « Qu'est-ce qu'il peut bien tripoter dans la serre ? »

DES PRUNELLES, de même.

J'allais pourtant bien doucement !

CYPRIENNE.

Mais j'ai l'oreille fine !... Et cela m'a donné un cauchemar !

DES PRUNELLES, de même.

Ah bah !

CYPRIENNE.

J'ai rêvé poignard, poison... Je te voyais aiguisant des sabres !

DES PRUNELLES, riant.

Ah ! ah !

CYPRIENNE, éclatant de rire.

Est-on bête !

DES PRUNELLES.

En revanche, il y a une chose qui m'a bien empêché de dormir aussi!...

CYPRIENNE.

Quoi donc?

DES PRUNELLES.

Comment diable Adhémar était-il toujours prévenu de mes sorties?

CYPRIENNE, riant.

Gros bébé, va!.. (s'arrêtant.) Ça ne te fâchera pas?

DES PRUNELLES.

Mais, non!

CYPRIENNE.

Bien sûr?

DES PRUNELLES.

Mais non... A présent, voyons!

CYPRIENNE.

Eh bien!... un signal!...

DES PRUNELLES.

Bon! mais lequel? Où ça?

CYPRIENNE.

Ici!

DES PRUNELLES,

Ici?

CYPRIENNE, riant.

Oui! cherche, cherche...

DES PRUNELLES, désignant la droite.

Au vitrage?

CYPRIENNE.

Naturellement.

DES PRUNELLES.

Un grand papier? Tu écrivais avec du charbon?

Il fait le geste d'écrire de grosses lettres.

CYPRIENNE, riant.

Oh! c'est trop long!

DES PRUNELLES.

Alors une bougie?

Il fait le geste de la lever et de l'abaisser.

CYPRIENNE, même jeu.

Oh! tu ne trouveras pas, va? —J'aime mieux te le dire. La persienne!

DES PRUNELLES.

La persienne?

CYPRIENNE, elle se lève, court à la fenêtre et décroche le cordon qui fait jouer la persienne.

Oui, tiens, ceci veut dire: « il est là? » (Elle la baisse à demi.) Il va sortir! » (Elle la baisse tout à fait.) « Il est sorti! »

DES PRUNELLES, gaîment.

Ah! charmant; mais dangereux!... Le hasard, un domestique...

CYPRIENNE, revenant près de la table.

Non, personne n'y touchait que Josépha et moi.

DES PRUNELLES.

Ah! Josépha en est?

CYPRIENNE.

Parbleu !

DES PRUNELLES.

Brave fille! Je m'en doutais!... Et alors le bel Adhémar?... Je dis bel Adhémar pour te faire plaisir, car entre nous... c'est la seule critique que je me permette... est-il si séduisant que ça, Adhémar?

CYPRIENNE, derrière le fauteuil, les deux mains sur le doss'er

Ah! il est gentil garçon!

DES PRUNELLES.

Si on veut ; mais moralement, saprelotte, ce n'est pas un aigle...

CYPRIENNE, descendant.

Qu'est-ce que je ferais d'un aigle?

DES PRUNELLES.

C'est juste !

CYPRIENNE, passant derrière le fauteuil.

Et puis on n'a pas tant de choix en province; il faut bien se contenter de ce que l'on trouve. — On s'ennuie tant !

DES PRUNELLES.

Enfin! tu en es folle ?

CYPRIENNE, riant.

Oh! folle! non! — Il ne faut pas non plus exagérer.

DES PRUNELLES, debout et allant à elle.

Et dis-moi un peu maintenant... puisque nous n'avons plus rien de caché l'un pour l'autre, n'est-ce pas?...

CYPRIENNE.

A quoi bon?

DES PRUNELLES, lui prenant la main.

Au contraire, dans l'intérêt même du divorce, il faut que nous soyons fixés sur tous les points!...

CYPRIENNE.

Oui!

DES PRUNELLES.

Eh bien, quand tu m'as dit, ce matin « Monsieur!... je suis une honnête femme!... Je n'ai jamais manqué à mes devoirs! » Hein! la bonne plaisanterie, avoue-le?

CYPRIENNE.

Mais non!

DES PRUNELLES.

Ah! voyons, mon petit chat, on se dit tout : c'est convenu. Tu ne veux pas me faire croire que tu n'as pas donné le plus petit coup d'épingle au contrat?

CYPRIENNE.

Mais pas un!

DES PRUNELLES.

Oh! bichette! voyons.

CYPRIENNE.

Mais jamais! je t'assure.

DES PRUNELLES.

Pas un tout petit accroc, tout petit? tout petit?...

CYPRIENNE, s'asseyant dans le fauteuil.

Mais pas ça! foi d'honnête homme!

DES PRUNELLES.

Depuis trois mois que ça dure?

CYPRIENNE.

Quatre mois!...

DES PRUNELLES, prenant le tabouret sous la table.

Quatre?... Je croyais...

CYPRIENNE.

Quatre!...

DES PRUNELLES, s'asseyant sur le tabouret devant la table
tout près d'elle.

Raison de plus. — Depuis quatre mois, vous n'avez
effeuillé ensemble que des marguerites?

CYPRIENNE.

Ah! mon pauvre chéri, si tu savais comme on est gêné!
Tout le monde sur votre dos; on n'est jamais seuls.

DES PRUNELLES.

Bon!.. mais enfin tu as bien un peu roulé en voiture
avec lui?

CYPRIENNE.

Oh! ça, jamais!.. Et ce n'est pas faute qu'il me l'ait
demandé!

DES PRUNELLES.

Et tu n'es jamais allée chez lui?

CYPRIENNE.

Mais jamais, parole d'honneur!... J'y allais à l'instant pour la première fois, après le télégramme. — Mais ça, je t'avais prévenu.

DES PRUNELLES.

Mais hors d'ici, vous vous êtes bien donné rendez-vous?..

CYPRIENNE.

Oui, un peu partout!.. Sur le cours, dans les passages, au musée!..

DES PRUNELLES.

Et dans tous ces endroits-là, vous vous êtes bornés à causer?..

CYPRIENNE.

Tendrement!

DES PRUNELLES.

Rien de plus sérieux? Pas le moindre petit baiser?

CYPRIENNE, vivement.

Ah! si!

DES PRUNELLES,

Ah!

CYPRIENNE.

Mais ce n'est pas sérieux, ça,... Tu parles de choses sérieuses!

DES PRUNELLES.

Enfin?...

CYPRIENNE, riant.

Mais qu'est-ce que ça te fait à présent, toutes ces histoires-là?

DES PRUNELLES.

Ça m'amuse!

CYPRIENNE, gaiement, faisant un peu descendre le fauteuil.

Oh! bien alors, tiens, voilà le compte : le premier baiser, il y a quatre mois... sur l'épaule, au bal de la Préfecture, en me mettant ma pelisse!..

DES PRUNELLES.

Et d'un!

CYPRIENNE.

Le second, cet été... (Elle s'arrête.) Mais vrai!.. Ça ne te fâche pas?

DES PRUNELLES.

Tu le vois bien!

CYPRIENNE.

Le second, cet été, entre deux portes, sur le gras du bras!.. Il a même mordu!

DES PRUNELLES.

Deux!

CYPRIENNE.

Et le troisième, il y a huit jours, sur le cou, en regardant les petits poissons rouges!

DES PRUNELLES.

Et puis?

CYPRIENNE.

C'est tout!

DES PRUNELLES.

Cyprienne!..

CYPRIENNE.

Mais s'il y avait autre chose, je te le dirais... à présent.

DES PRUNELLES, se levant.

Je serais pourtant bien curieux de voir...

CYPRIENNE, de même.

Quoi?

DES PRUNELLES.

Votre correspondance.

CYPRIENNE.

Ses lettres?... Veux-tu?.. Elles sont là.

DES PRUNELLES.

Ici? J'ai fouillé partout!

Il se dirige vers la gauche et met machinalement la main sur la petite table en indiquant le salon.

CYPRIENNE, riant.

Ah! ah! ah!

DES PRUNELLES.

Tu ris?

CYPRIENNE, riant.

Tu as la main dessus...

DES PRUNELLES, tirant le tiroir de la table à ouvrage.

Là dedans? — Un secret?

CYPRIENNE, courant à la table et poussant un bouton, un tiroir secret s'ouvre face au public, sur le petit côté de la table.

Tiens !

DES PRUNELLES.

Ah !

Cyprienne prend le tiroir et va s'asseoir sur le tabouret devant la table. Des Prunelles passe derrière la table et va s'asseoir sur le fauteuil à droite.

CYPRIENNE, tirant un paquet de lettres du tiroir. *

Et toutes par ordre de dates ! — C'est tenu !...

DES PRUNELLES, très anxieux.

La dernière seulement ?

CYPRIENNE, prenant une lettre du paquet et gardant le tiroir sur ses genoux.

La voilà ! — Vois-tu, j'ai daté au crayon : « 16 novembre 1880 . »

DES PRUNELLES, prenant la lettre vivement.

Hier !... C'est bien ça ! (Lisant.) « Ma chère âme, il y a aujourd'hui cent vingt-deux jours que je vous ai fait l'aveu de mon amour .» C'est en vers !...

CYPRIENNE.

Tu crois?

DES PRUNELLES, continuant de lire.

« Et je ne suis pas plus avancé qu'à la première heure ! (Mouvement de satisfaction.) O Cyprienne !... Prenez pitié de mes souffrances ! »

* Cyprienne, Des Prunelles.

CYPRIENNE.

Pauvre garçon!

DES PRUNELLES, s'essuyant le front et lui rendant la lettre.

Ouf!

CYPRIENNE, remettant la lettre dans le paquet et le paquet dans le tiroir.

Tu vois que je ne t'ai pas trompé!

DES PRUNELLES.

Non!... Eh bien, vrai, malgré le divorce, j'aime mieux cela! (Fouillant dans le tiroir.) Et tous ces bibelots, c'est?...

CYPRIENNE.

.. Des souvenirs!

DES PRUNELLES.

Des fleurs, des rubans... une allumette?

Il la prend.

PRIENNE, la lui prenant des mains.

Oh! ça, c'est en mémoire d'une belle peur que tu nous as faite, il y a quinze jours!

DES PRUNELLES.

Laquelle?

CYPRIENNE.

Un soir, tu es rentré subitement! J'étais là, tiens, avec Adhémar! Je t'entends ouvrir la porte, je n'ai que le temps d'éteindre la lampe, et nous restons dans l'obscurité, cois et terrifiés. Tu entres, pestant contre les domestiques, et, en tâtonnant, tu vas à la cheminée. Tu trouves une boîte d'allumettes, tu en frottes une : crac! ça flambe... et ça s'éteint! une autre : crac! ça flambe et ça s'éteint!... une

troisième ! crac!...ça ne flambe pas!... Et il n'y en a plus !
Tu sors en jurant ; Adhémar s'esquive et j'ai ramassé cette
allumette que j'ai gardée, par reconnaissance pour la ré-
gie !

Elle rejette l'allumette dans le tiroir.

DES PRUNELLES, gaiement.

Si je me doutais !... (Fouillant dans le tiroir et prenant un bouton.) Un bouton ?...

CYPRIENNE, vivement et posant le tiroir sur la table.

De paletot! Ah! ça, par exemple, c'est drôle! Tu ne le
reconnais pas?
Elle lève le bras de Des Prunelles de façon à lui placer le bouton sous les yeux.

DES PRUNELLES.

Non

CYPRIENNE.

Tu l'as ramassé un jour sur le tapis, et tu l'as donné à
Josépha, en lui disant : « Tenez, voilà un bouton à recou-
dre à mon paletot. » (Riant.) C'était à Adhémar!

DES PRUNELLES, riant un peu jaune.

Ah ! ah! Très plaisant, en effet. (Remettant le bouton dans le
tiroir et en tirant une feuille.) Une feuille de vigne?

CYPRIENNE, prenant vivement la feuille.

Ah! ça! c'est plus piquant! C'est une feuille de vigne
que j'ai trouvée un jour, dans mes cheveux!...

DES PRUNELLES.

Hein!

CYPRIENNE, se levant.

Mais c'est trop long à raconter!

DES PRUNELLES, la retenant.

Mais non !

CYPRIENNE.

Ah ! c'est tout une histoire !

DES PRUNELLES, l'attirant sur ses genoux.

Eh bien, dis-la ! je t'en prie !.. je t'en prie !

CYPRIENNE, sur ses genoux.

Oui ?.. Eh bien... Tu te rappelles qu'à l'automne, nous sommes allés vendanger à notre clos de la Glissonnière ?

DES PRUNELLES.

Oui !

CYPRIENNE.

Nous faisions encore bon ménage, et tu n'avais que de légers soupçons sur Adhémar ! — Comme il surveillait justement une coupe de ce côté-là, je lui dis, la veille de notre départ : « Soyez demain, à deux heures, dans le vieux pressoir, près du petit bois ; je vous y rejoindrai. »

Mouvement de Des Prunelles ; elle va pour se lever

Je pèse ?...

DES PRUNELLES, la retenant sur ses genoux.

Non ! non !.. continue...

CYPRIENNE.

A deux heures, le lendemain, je me mets en route et, pour éviter le soleil autant que pour n'être pas vue, je suivais les taillis à couvert : quand je t'aperçois dans les vignes, te dirigeant à grands pas... où ?... Vers le pressoir. Juge de ma peur !... Adhémar est là... Tu vas tomber sur lui !.. Tout est perdu !.. Pour t'arrêter et le prévenir, je te crie vivement : — « Henri ! où vas-tu donc ? » — en me disant : Adhémar entend, il va se cacher dans quelque

tonneau. Tu me réponds, tout en marchant : — « Je
vais au vieux pressoir chercher une futaille dont j'ai
besoin ! » — Encore pis ! Tu vas fouiller partout, et le
trouver caché ! — Et tu n'es plus qu'à deux pas de la
porte... — Épouvantée, je te crie : « Viens, d'abord ici ! »
— Tu t'arrêtes : « Pourquoi ? — Viens, je t'en prie !
Mais viens donc vite ! j'ai été piquée par une mauvaise
bête ! » Et d'inspiration, je détache une épingle, et je me
pique au-dessus de la jarretière ! — Tu accours — « Voyons ! »
— Je t'entraîne sous bois. — « Cette piqûre ?... Où ça ? »
— « Tiens ! ici, cherche bien, elle va me piquer ailleurs ! »
Tu cherches... ça... consciencieusement !...

DES PRUNELLES.

Et naturellement, aucune bête !...

CYPRIENNE.

Que toi !.. car pendant ce temps-là Adhémar se sauve.

DES PRUNELLES.

Pas si bête pourtant ! — Si je m'en souviens bien...

CYPRIENNE, lui mettant vivement la feuille de vigne sur la bouche.

Chut !

DES PRUNELLES.

Alors, cette feuille de vigne ?...

CYPRIENNE.

Elle te revient de droit ! (Elle la met à sa boutonnière.) Fran-
chement, tu ne peux pas appeler ça une infidélité ?

DES PRUNELLES, gaîment.

Allons ! allons ! je suis intact ! — Mais, sapristi, que je
l'ai donc échappé belle !

CYPRIENNE, l'embrassant en riant.

Ah ! çà, oui, par exemple !

SCÈNE IV

LES MÊMES, ADHÉMAR.

BASTIEN, annonçant

M. de Gratignan !

Adhémar et Bastien s'arrêtent stupéfaits à la vue de Cyprienne dans les bras de Des Prunelles. — Bastien sort aussitôt.

CYPRIENNE, étonnée.

Adhémar?

DES PRUNELLES, à Cyprienne.

Oui, je lui ai écrit, je l'ai prié de venir !

ADHÉMAR, ahuri, à lui-même et descendant par la gauche. *

Si c'est pour me faire voir ça?

DES PRUNELLES, gaiement.

Arrivez, jeune homme, arrivez ! Vous n'êtes pas de trop.

ADHÉMAR.

Ah !   Cyprienne s'est levée vivement.

DES PRUNELLES, de même, allant à Adhémar, gaiement.

Eh bien, mon jeune ami, il n'y a donc pas moyen de triompher de cet amour-là?.. C'est donc de la passion, du délire?

ADHÉMAR.

Monsieur !..

* Adhémar, Des Prunelles, Cyprienne.

DES PRUNELLES.

Cyprienne m'a tout conté ! (Lui montrant le tiroir.) les allumettes, le bouton, la feuille de vigne, les baisers sur le
cou, l'épaule, le bras... Peste! vous allez bien! mon
gaillard ! — Il paraît que vous mordez, vous?

ADHÉMAR, regardant Cyprienne qui sourit.

Vous savez ?

DES PRUNELLES, de même, familièrement.

Enfin, il vous faut madame, il n'y pas à dire, hé?... Il
vous la faut absolument?

ADHÉMAR, même jeu.

Mais...

DES PRUNELLES.

Eh bien, mon cher garçon, prenez-la. (Allant à Cyprienne.)
Prenez-la !... Je vous la cède !

ADHÉMAR, ahuri, à l'extrême gauche.

Ah !

DES PRUNELLES.

Dites que je ne suis pas gentil !

CYPRIENNE, gaiement.

Il ne comprend pas !

DES PRUNELLES, à Adhémar.

Le divorce !...

CYPRIENNE, idem.

Nous divorçons !

DES PRUNELLES.

Et vous vous mariez !... Je vous marie!

ADHÉMAR.

Le divorce ?...

CYPRIENNE.

Puisque c'est voté !

ADHÉMAR, s'oubliant.

Ah bah !

CYPRIENNE, surprise.

Eh bien ! votre télégramme ?

DES PRUNELLES.

Non ?... je comprends, malgré le télégramme il lui restait des doutes, n'est-ce pas ?... vous doutiez ?

ADHÉMAR.

Mon Dieu !...

DES PRUNELLES.

Naturellement. Moi aussi ! Je me suis renseigné, j'ai couru à la sous-préfecture. Authentique, officiel. Tout ce qu'il y a de plus certain !

ADHÉMAR.

Voté ?

CYPRIENNE.

Mais, sans doute.

ADHÉMAR, à lui-même.

Ah ! comme ça se trouve !

DES PRUNELLES.

Alors, je me suis dit : Appliquons, appliquons tout de

suite ; et après une explication bien cordiale avec cette
chère enfant, nous sommes d'accord. — C'est toisé, jugé —
il y a mal-donne, je vous passe la main.

ADHÉMAR, un peu inquiet, s'avançant vers lui.

Ah ! Monsieur, mon espoir n'allait pas si loin !

DES PRUNELLES.

Je vous crois, mon cher garçon, une jolie femme qui
vous apporte quatre cent mille francs, bien à elle !...

ADHÉMAR, radieux.

Quatre cents !...

DES PRUNELLES.

Quatre cents !...Un mariage d'amour qui se trouve aussi
être une belle affaire... car vous n'avez pas le sou !... Je
ne vous plains pas !

ADHÉMAR, ravi.

Oh ! non ! — Ah! Monsieur! (A part.) Mais ça me va tout
à fait! (Il va poser son chapeau sur la cheminée et revient à Des Prunelles.)
Ah ! Monsieur ! ah ! mon bienfaiteur !

Il tend la main à Des Prunelles. Des Prunelles la prend, ainsi que celle de Cyprienne et d'un geste les engage à faire de même. Ils se serrent tous trois la
main, en cercle.

DES PRUNELLES.

Oui, mon ami, oui !... Maintenant, mes amis, trêve aux
effusions et soyons pratiques. (A Adhémar.) Asseyez-vous ! Causons divorce, et examinons vivement les voies et moyens !

Il s'assied sur le canapé, Cyprienne sur le tabouret à droite de la table. Adhémar prend une chaise derrière le canapé et s'assoit à gauche devant la petite table

ADHÉMAR, assis. *

C'est ça !

* Adhémar, Des Prunelles, Cyprienne.

CYPRIENNE, de même, accoudée sur l'extrémité de la table.

Oui !

DES PRUNELLES.

Je connais un peu la question. Cyprienne la possède...

CYPRIENNE.

A fond !

DES PRUNELLES.

Donc, nous n'avons besoin de personne. La loi actuelle n'est autre que le titre VI du code civil, légèrement modifié. Il nous offre plusieurs procédés... Le premier, le plus simple, c'est le divorce par consentement mutuel. C'est bien notre cas... Et nous sommes dans les conditions requises : deux ans de mariage.

CYPRIENNE.

Seulement, c'est trop long !

ADHÉMAR.

Trop long !

CYPRIENNE, vivement.

Oh! Demande en divorce renouvelée tous les trois mois, autorisation persistante des père et mère non décédés, convocation de quatre témoins âgés de cinquante ans, présentation devant le président du tribunal, remise des actes et procès-verbaux, requête en demande d'admission, speech paternel des magistrats, observations amicales des témoins, entêtement des époux, dont acte; nouveau procès-verbal, ordonnance de référé, conclusions du ministère public, vérification, déclaration d'admission, renvoi devant le maire, et enfin, prononcé du divorce!... Trop tard! On est enragé!

ADHÉMAR.

Et ces formalités exigent?...

DES PRUNELLES, qui a pris le code sur la table et l'a ouvert.

Oh! dix mois!

ADHÉMAR, sautant.

Dix mois?

DES PRUNELLES.

S'il n'y a pas d'accroc!

CYPRIENNE.

Et ce n'est pas tout!

ADHÉMAR.

Hein?

CYPRIENNE

Car: — Article 297. (A Des Prunelles, qui cherche dans le code.) Au bas de la page. « Dans le cas de divorce par consentement mutuel, aucun des époux ne pourra contracter un nouveau mariage que trois ans après le prononcé du divorce. »

ADHÉMAR.

Trois ans!..

DES PRUNELLES, lui passant le code.

Total, quatre!

CYPRIENNE.

Non! mais me voyez-vous attendre quatre ans, les bras croisés, entre un mari qui ne l'est plus, et un autre qui ne l'est pas encore?... Non, mais me voyez-vous?...

DES PRUNELLES.

Jamais !

CYPRIENNE.

Jamais de la vie !

DES PRUNELLES.

Impraticable ! Il faut donc nous rabattre sur le divorce pour cause déterminée.

ADHÉMAR, qui a consulté le code, mettant vivement le doigt sur un article.

L'adultère ! — Vous nous surprenez tous deux en flagrant délit ?...

CYPRIENNE.

Alors c'est bien autre chose ; nous ne pouvons plus nous marier du tout.

ADHÉMAR, effrayé.

Hein ?

CYPRIENNE.

Article 298. — (A Adhémar, qui cherche dans le code.) En haut de la page ! Tournez ! Tournez ! « Si le divorce est prononcé pour cause d'adultère, l'époux coupable ne pourra pas se remarier avec son complice ! »

ADHÉMAR, lisant le passage.

Jamais !

CYPRIENNE.

De peur qu'ils ne réparent leur faute !

DES PRUNELLES.

D'ailleurs, permettez! — Je divorce pour n'être pas ce que vous savez, et je le serais pour divorcer. Ce serait trop bête!...

ADHÉMAR ET CYPRIENNE.

C'est juste!

DES PRUNELLES.

Autre chose!

CYPRIENNE.

Il n'y a pas tant de choix. Nous ne pouvons invoquer ni la folie, ni l'abandon, ni une condamnation infamante, ni les excès!

ADHÉMAR, même jeu que précédemment, le doigt sur un article.

Pardon! — Si nous invoquions chez Monsieur une certaine faiblesse de constitution!

CYPRIENNE, vivement.

Oh! mais non, ça ne va pas jusque-là!

DES PRUNELLES, lui serrant la main.

Ah! merci!...

CYPRIENNE.

Il ne nous reste plus que les injures graves et sévices.

ADHÉMAR.

Les coups?

DES PRUNELLES.

Oh! il n'y a que ça! —Nous serons forcés de nous administrer des calottes!

CYPRIENNE.

Et encore, il n'y a que celles que je recevrai qui compteront !

DES PRUNELLES.

Absolument !

CYPRIENNE.

Et devant témoins, en public... comme c'est régalant !

DES PRUNELLES.

Mon Dieu, on arrange ça gentiment. On invite à diner des amis ! On se dispute tout le temps, et au dessert !...

CYPRIENNE.

Allons, allons, c'est révoltant !...

DES PRUNELLES.

Peuh ! il y a bien des femmes qui ne détestent pas cela !

CYPRIENNE, se levant.

Ah ! parbleu ! dans la passion !

Adhémar se lève aussi et va remettre la chaise à gauche, au-dessous de la porte.

DES PRUNELLES, se levant.

Alors, consentement mutuel, quatre ans !

CYPRIENNE, se récriant.

Mais non !

DES PRUNELLES.

Alors le soufflet !

ADHÉMAR, allant à Cyprienne. *

Ah ! chère amie, pour moi, je vous en prie !... acceptez !

* Des Prunelles, Adhémar, Cyprienne.

DES PRUNELLES.

Oui, un petit soufflet!... si petit, si mignon, tout mignon !

CYPRIENNE.

Il n'y a pas autre chose!... Il le faut bien !

DES PRUNELLES.

Alors c'est dit?

CYPRIENNE.

C'est dit !

DES PRUNELLES.

Bravo! comme ça, au moins, vous n'aurez que dix mois d'attente !

CYPRIENNE.

Et c'est déjà bien joli !

DES PRUNELLES, passant entre eux.

Et à ce propos, mes chers enfants, permettez-moi quelques paroles bien senties. Ma condescendance est énorme, vous l'avouerez, et vous ne voudriez pas récompenser par l'ingratitude une générosité dont il y a, j'ose le dire, peu d'exemples !

ADHÉMAR.

Ah ! Monsieur!

CYPRIENNE.

Ah ! mon ami !

DES PRUNELLES.

Eh bien, je vous en conjure, puisque vous n'avez plus

que dix mois à patienter, imposez silence à votre cœur.
Tant que notre divorce ne sera pas prononcé, je vous en
supplie, mes enfants, respectez mon honneur, aussi bien,
et même un peu mieux que vous ne l'avez fait jusqu'ici !
Ainsi, moi, à votre place, je supprimerais les baisers
comme dangereux et excitants ! — Si vous en abusez
maintenant, qu'est-ce que vous ferez plus tard de vos soi-
rées ? J'ajouterai pour vous, jeune homme, car c'est à
vous surtout que je m'adresse, que votre intérêt même,
si l'intérêt est de quelque poids sur un cœur si fortement
épris... que votre intérêt même vous commande la plus
grande retenue avec madame... C'est pour vous un coup de
fortune inespéré que d'épouser vingt mille livres de rente
avec vos deux mille six cents francs d'appointements. Ne
compromettez pas une si belle situation. Dix mois, c'est
long. Qui vous garantit que votre passion ne sera pas
rassasiée ? Et qu'au moment de votre union, l'un de vous
deux, elle peut-être, ne s'écriera pas : « Ma foi, non,
maintenant j'en ai assez !... Je n'en veux plus ! »

ADHÉMAR.

Oh !

DES PRUNELLES.

Ah ! l'écueil de votre situation, c'est la satiété ! — Ne
tuez pas le dîner par le lunch !

ADHÉMAR.

Non, Monsieur, non !

DES PRUNELLES, à Adhémar, avec bonhomie.

Tenez, savez-vous ce que je ferais, si j'étais que de vous.
Eh bien, cette place à Arcachon, je l'accepterais tout de
suite, et je partirais ce soir ; et on ne me verrait plus
de quelque temps !

7

ADHÉMAR.

Ah ! Monsieur !

DES PRUNELLES.

Ah ! c'est la sagesse ! (Adhémar et Cyprienne se regardent piteusement.) Enfin, examinez, pesez, c'est un conseil d'ami que je vous donne ! — Et ce n'est pas le dernier, je l'espère ! (Avec émotion, passant le bras de Cyprienne sous le sien.) Quand vous serez unis, mes chers enfants, vous me permettrez bien, n'est-ce pas, de venir vous voir de temps en temps ; vous me ferez bien une petite place entre vous, à votre foyer !... à votre table... le dimanche ?

CYPRIENNE, émue.

Oh ! oui, mon ami !

ADHÉMAR, de même.

Oh ! oui !

DES PRUNELLES.

Eh ! mon Dieu, je pourrai vous être utile quelquefois ! Les conseils de mon expérience !.... (Tapant sur la main de Cyprienne). [La connaissance approfondie de son caractère ! Et puis vos affaires ! Je vous guiderai dans le placement de vos petites économies... si vous en faites !... Avec vingt-deux mille six cents francs de rente, on ne va pas loin... (L'observation frappe Cyprienne.) surtout quand on est habitué comme elle à en manger soixante. (Même jeu.) Mais enfin avec de l'ordre, de fortes réductions sur la table, le logement, la toilette, les chevaux surtout... beaucoup de sacrifices ! Car pour vous, mon ami, c'est la fortune... pour elle, c'est le sacrifice ! Mais le sacrifice pour celui qu'on aime — c'est encore du bonheur !... (Prenant le bras d'Adhémar sans quitter celui de Cyprienne.) Et je pourrai dire en vous contemplant : — Ils sont heureux ! — Et c'est par moi ! —

Voilà mon œuvre !... Et c'est bien doux, cela; c'est bien doux, je vous assure!... Positivement, c'est bête ! je suis ému ! (A Cyprienne, la prenant dans ses bras.) Ma chère... chère enfant. (A Adhémar.) Vous permettez ?

ADHÉMAR.

Je vous en prie.

DES PRUNELLES, embrassant Cyprienne sur le front.

On n'a pas vécu si longtemps dans l'intimité la plus complète, sans qu'un certain déchirement... (A Cyprienne en lui arrangeant sur le front une boucle de cheveux.) Vous penserez à moi quelquefois, n'est-ce pas ?

CYPRIENNE, émue.

Tu ne me tutoies plus ?

DES PRUNELLES.

Eh bien ! oui ! (A Adhémar) Vous permettez ?... (A Cyprienne.) Oui, tu penseras à moi. (Il l'embrasse et se retournant vers Adhémar.) Merci! (Faisant passer Cyprienne du côté d'Adhémar.) A tout à l'heure, mes enfants, vous avez besoin d'être seuls ! Vous dînez ici, n'est-ce pas, mon cher successeur ?

ADHÉMAR.

Oh ! Monsieur !

DES PRUNELLES, remontant vers la droite.

Oui! je vous en prie. Dînez !... avant votre départ ! — Dînez !... Vous me ferez plaisir !

Il lui tend la main.

ADHÉMAR, allant à lui en passant derrière la table.

Ah ! Monsieur, comment vous témoigner ma reconnaissance ?

DES PRUNELLES, lui serrant la main et avec émotion.

En faisant son bonheur ! — A tout à l'heure, mes chers
enfants !... A tout à l'heure !

Il ouvre la porte de son cabinet, se retourne pour donner une dernière poignée de
main à Adhémar et sort vivement. Adhémar le regarde sortir avec admiration.

CYPRIENNE, seule, à part, à gauche devant la table.

Vingt mille livres de rente au lieu de soixante, ce n'est
pas bien gai non plus.

SCÈNE V

CYPRIENNE, ADHÉMAR.

ADHÉMAR, tout à sa joie, descendant vivement à Cyprienne.

Ah ! Cyprienne ! Allons-nous être heureux !

CYPRIENNE.

Oui, mon ami, oui. — Vous surtout !

ADHÉMAR, allant et venant et passant à l'extrême droite, avec enthou-
siasme.

Ah ! s'aimer librement, sans mystère, sans ruses, sans
danger !

CYPRIENNE.

Ça vous ennuyait donc bien ! — C'est drôle, moi, c'est
justement tout ça qui me charmait !

ADHÉMAR, vivement, remontant un peu et désignant la porte de Des Prunelles.

Moi aussi ! — Mais j'avais bien quelque remords de tromper cet homme de cœur !... Tandis qu'à présent la sécurité, le calme !...

CYPRIENNE.

Un grand calme, mon ami... Ah ! quel calme !

ADHÉMAR, redescendant vers Cyprienne, sans la regarder.

N'est-ce pas, ma Cyprienne, que nous serons à la hauteur des sacrifices qu'il nous impose ?

CYPRIENNE.

Oui, mon ami, oui !

ADHÉMAR, même jeu.

Et que nous ne trahirons pas tant de confiance ?

CYPRIENNE.

Non, mon ami, non !

ADHÉMAR, se retournant vers la porte de Des Prunelles.

Quelle générosité, cet homme ! Quel cœur ! quelle âme !

CYPRIENNE, tranquillement.

Oui, mon ami, oui !... c'est moi qui suis une bête !

ADHÉMAR, se retournant vers Cyprienne.

Ah !

CYPRIENNE.

Dame ! s'il a toutes les vertus, j'ai bien tort, vous en conviendrez, de le planter là pour mon amant !

ADHÉMAR, vivement.

Ne prononcez plus ce mot, Cyprienne. — Votre amant
n'est plus; je ne suis plus votre amant!...

CYPRIENNE.

Non! à présent, vous êtes mon mari!

ADHÉMAR.

... Futur! Votre mari stagiaire, qui ne voit plus en
vous que sa fiancée, et comme telle, vous honore et vous
respecte!...

CYPRIENNE.

C'est convenu, mon ami, vous me respectez...Il me respecte... Je suis une femme très respectée.

ADHÉMAR, suivant son idée, avec transport.

Dix mois, après tout, qu'est-ce que c'est que ça?...

CYPRIENNE.

C'est du temps perdu!

ADHÉMAR, sans l'écouter.

Ah! je saurai bien attendre!

CYPRIENNE.

Merci!...

ADHÉMAR, de même.

Et je partirai même, comme il le souhaite, dès demain,
pour lui prouver jusqu'où va ce respect.

CYPRIENNE, ironiquement et tranquillement.

Oh! encore une fois, mon ami, pour que j'en sois bien
sûre!

ADHÉMAR, surpris de son ton.

Vous êtes un peu nerveuse, Cyprienne?

CYPRIENNE.

Croyez-vous?...

ADHÉMAR.

Oui, ces émotions!... ce brusque changement!... (Passant derrière la table et le canapé pour aller prendre son chapeau sur la cheminée.) Calmez-vous, âme de ma vie! Je cours chez ma sœur qui m'attend à dîner, je me dégage et je reviens.

CYPRIENNE. *

C'est ça, mon ami, et prenez garde de vous refroidir en route!

ADHÉMAR, derrière le canapé.

Oh! j'ai mon paletot!

CYPRIENNE.

Oh! alors...

ADHÉMAR.

Et après le dîner?...

CYPRIENNE, ironiquement.

Nous ferons un bézigue.

ADHÉMAR, avec passion.

Si vous voulez!

CYPRIENNE.

O ivresse!

* Adhémar, Cyprienne.

ADHÉMAR.

A tout à l'heure, mon âme, ma vie, mon trésor ! (Sortant, à part.) Quatre cent mille francs !... Trésor, c'est bien le mot !... (Il sort).

CYPRIENNE, seule, après une seconde de réflexion.

Eh bien ! vrai ! depuis que ce n'est plus défendu... ça n'a plus du tout la même saveur !

SCÈNE VI

CYPRIENNE, MADAME DE BRIONNE, MADAME DE VALFONTAINE, CLAVIGNAC.

Madame de Brionne accourt et va à Cyprienne en passant derrière la table. Madame de Valfontaine la suit. Clavignac, qui les accompagne, descend en scène par la gauche.

MADAME DE BRIONNE, vivement et galement.

Ah ! ma mignonne, c'est donc vrai ?

MADAME DE VALFONTAINE.

C'est fait ?

CYPRIENNE.

Quoi ?

MADAME DE BRIONNE ET MADAME DE VALFONTAINE

Le divorce ?

CYPRIENNE.

Voté !... Mais oui !

MADAME DE BRIONNE.

J'ai gagné ! j'ai gagné !

CLAVIGNAC, à madame de Valfontaine.

Vous voyez bien...

CYPRIENNE.

Quoi donc ?

CLAVIGNAC, à Cyprienne.

J'ai rencontré ces dames sur le cours... Madame de
Valfontaine ne voulait pas croire à la nouvelle !

MADAME DE BRIONNE.

Nous avons parié !...

MADAME DE VALFONTAINE.

Et je ne crois pas encore avoir perdu !

CYPRIENNE.

Ah ! par exemple !

CLAVIGNAC.

Le télégramme ?

MADAME DE BRIONNE.

Tu l'as ?

CYPRIENNE.

C'est monsieur Des Prunelles qui l'a. — Attendez ! (Madame de
Valfontaine s'est assise sur le canapé, madame de Brionne est debout à sa gauche.
Clavignac à l'extrême gauche. Cyprienne va frapper à la porte du fond.)
Henri !

DES PRUNELLES, entrebâillant la porte et tendrement.

Chère amie ?

CYPRIENNE, affectueusement.

Ne vous dérangez pas, mon ami : un mot seulement.

DES PRUNELLES.

Je suis à vous, chère enfant, à vous tout de suite. Une seconde !

MADAME DE VALFONTAINE, à madame de Brionne, à mi-voix.

Oh ! mais, sont-ils gentils l'un pour l'autre.

CLAVIGNAC.

Voilà !... Le seul espoir du divorce !

SCÈNE VII

LES MÊMES, DES PRUNELLES.

Il sort de chez lui en habit et cravate blanche.

DES PRUNELLES, prenant affectueusement la main de Cyprienne
dans ses deux mains et descendant avec elle.

Qu'y a-t-il, chère enfant ? (Apercevant les dames, galamment et galement.) Ah ! Mesdames, pardon !

MADAME DE VALFONTAINE.

C'est encore nous !

DES PRUNELLES, galant, aimable, tout autre qu'au premier acte.

Jamais assez !

Il serre la main de madame de Brionne par-dessus le canapé.

CYPRIENNE.

Ces dames, mon ami, voudraient bien contempler le fameux télégramme !

DES PRUNELLES, descendant en scène.

Comment donc, il ne me quitte plus ! (Il le tire de son carnet et le passe à madame de Valfontaine.) Tenez !

MADAME DE VALFONTAINE, lisant.

Voté ! — Majorité énorme !

MADAME DE BRIONNE, à madame de Valfontaine.

Ah ! perdu ! ma belle ! C'est fait !

MADAME DE VALFONTAINE, avec dépit.

Oh ! c'est fait. — Pas encore. — Et le Sénat ?

TOUS, riant.

Oh !

MADAME DE BRIONNE.

S'il n'y a que lui !

CYPRIENNE.

Moi, ce qui m'étonne là-dedans, c'est que ce soit la femme mariée que cela vexe !... Et la veuve qui se réjouisse !

MADAME DE VALFONTAINE.

On était si bien ainsi. Monsieur de son côté, Madame du sien : — Quel besoin de divorcer ?

CYPRIENNE, à madame de Brionne.

Bon ! — Mais toi, Estelle, tu es radieuse !

MADAME DE BRIONNE.

D'abord, je gagne mon pari ! Puis, je ne voulais épouser qu'un veuf, parce qu'il a usé toute sa mauvaise humeur pour la défunte. Mais un divorcé, c'est encore mieux. La première l'a tellement exaspéré qu'il trouvera toujours la seconde exquise !

DES PRUNELLES, riant.

Ah ! très joli ! très !... très joli !

Il lui baise la main. — Cyprienne le regarde avec étonnement.

MADAME DE BRIONNE, prenant le télégramme en passant, devant madame de Valfontaine et Des Prunelles.

Vous permettez ?... Tu permets ?

CYPRIENNE.

Quoi ?

MADAME DE BRIONNE.

Une vingtaine de personnes nous ont suivies jusqu'à ta porte pour savoir si le télégramme existait réellement. Elles n'ont pas osé entrer. Mais elles sont là à la grille et je leur ai promis de le montrer de loin.

DES PRUNELLES, ouvrant la porte de droite.

Montrez-le, chère Madame, montrez-le ! — Ne soyons pas égoïstes !

MADAME DE BRIONNE, dépliant le télégramme.

Vous allez voir l'effet de ce petit drapeau.

Elle agite le télégramme en l'air près du vitrage.

CRIS, au dehors.

Bravo ! Bravo !

MADAME DE BRIONNE, se retournant.

Tous mariés !

CLAVIGNAC.

On va illuminer !

MADAME DE BRIONNE.

Ils ne seront complètement heureux qu'en le touchant.
(A Des Prunelles.) On peut prendre copie ?

DES PRUNELLES.

Je crois bien !

Madame de Brionne sort par le jardin. — Madame de Valfontaine et Cyprienne restent sur le seuil à regarder. — Bas à Clavignac, 'entraînant à l'avant-scène, à gauche.

Merci, toi !

CLAVIGNAC, idem.

De quoi ?

DES PRUNELLES, idem.

Du rapide essor que tu as donné à ce canard !

(On entend un murmure et des cris de satisfaction dehors.)

CLAVIGNAC, idem.

Hein ! le télégramme ?

DES PRUNELLES.

Faux comme un jeton ! — C'est de l'Adhémar !

CLAVIGNAC, se récriant.

Ah !

DES PRUNELLES.

Chut ! malheureux !

CLAVIGNAC.

Comment, gredin, tu me donnes cette fausse joie, en faisant semblant d'y croire toi-même ?

DES PRUNELLES.

C'est mon jeu !

CLAVIGNAC.

Et tu ne pouvais pas me mettre dans la confidence ?

DES PRUNELLES.

Est-ce que tu aurais colporté ce bruit avec autant de verve ?

CLAVIGNAC.

Tiens ! tu mériterais !... Mais à quoi ça te sert-il ?

DES PRUNELLES.

A rattraper ma femme, tout bonnement.

CLAVIGNAC.

Ah bah ! — Adhémar?

DES PRUNELLES.

Prouh ! j'ai noyé ses poudres, à Adhémar. Et je viens de les coiffer tous deux de l'un de ces bonnets de coton

CLAVIGNAC.

Comment ?

DES PRUNELLES.

Je divorce ! — Et je les unis !

CLAVIGNAC.

Censément !

DES PRUNELLES.

Parbleu !

CLAVIGNAC.

Et puis ?

DES PRUNELLES.

Et puis, et puis, nigaud, tu ne vois pas qu'à présent, le mari, c'est lui !...

CLAVIGNAC.

Et l'amant, c'est toi !

DES PRUNELLES, voyant rentrer les femmes.

Chut !

MADAME DE BRIONNE, rentrant avec Cyprienne et madame de Valfontaine.

Radieux ! Ils sont radieux ! — Tenez, cher monsieur... voilà votre talisman !

Elle lui rend le télégramme.

DES PRUNELLES, lui baisant la main.

Puisse-t-il vous porter bonheur !

MADAME DE BRIONNE, gaiement.

J'en accepte l'augure ! (A Cyprienne.) Adieu, mignonne !

Elle s'éloigne par le fond.

CYPRIENNE.

A demain ! (Reconduisant madame de Valfontaine.) Allons ! ma chère, consolez-vous !

MADAME DE VALFONTAINE.

Jamais !... On a tué la galanterie !

Mesdames de Valfontaine et de Brionne sortent accompagnées par Cyprienne.

CLAVIGNAC, à part, à Des Prunelles.

Alors, tu peux dîner avec moi ?

DES PRUNELLES.

Non ; mais je dinerai peut-être à côté de toi.

CLAVIGNAC.

Comment?

DES PRUNELLES, voyant revenir sa femme.

Chut! — File, tais-toi!

CLAVIGNAC, à Cyprienne, saluant.

Madame!...

Cyprienne le salue sans rien dire. — Il sort. — Bastien, pendant ce qui précède, est entré par la porte du fond à droite, a posé sur le pouf le pardessus et le chapeau de Des Prunelles et sort.

SCÈNE VIII

CYPRIENNE, DES PRUNELLES.

DES PRUNELLES, allant pour prendre son chapeau et son pardessus, pendant que Cyprienne descend en scène par la gauche.

Et maintenant, ma chère enfant, moi aussi, je vous souhaite le bonsoir!

CYPRIENNE, saisie.

Comment, bonsoir?... Tu ne dînes pas ici?

DES PRUNELLES.

Oh! non!

CYPRIENNE.

Tu as invité Adhémar à dîner?

DES PRUNELLES, même jeu.

Avec toi ! — Pas avec moi !...

CYPRIENNE.

Ah ! j'avais compris... C'était si gentil, ce petit repas de fiançailles à nous trois !

DES PRUNELLES, faisant encore un pas pour aller prendre son paletot.

Non, mon bébé. — Vous dînerez plus volontiers tous les deux seuls. — Je le gênerais, ce garçon !

CYPRIENNE, toujours à gauche.

Mais, au contraire, tu le dégourdiras. Depuis qu'il doit m'épouser, il est figé... c'est une glace.

DES PRUNELLES, revenant à elle derrière le canapé.

Et puis, sincèrement, je ne suis pas fâché de prendre l'air, et de m'étirer un peu les bras au sortir de ma prison !

CYPRIENNE.

Voilà toute ma soirée gâtée !... Je t'en prie, reste !

DES PRUNELLES, s'éloignant.

Vrai, je ne peux pas, mon petit poulet. — Allons, bonsoir !

Il lui tend la main par-dessus la table.

CYPRIENNE, s'approchant de la table et lui retenant la main.

Mais où dîneras-tu ?

DES PRUNELLES, voulant se dégager.

Chez Dagneau, au *Grand Vatel*.

CYPRIENNE, le retenant encore.

Seul ?

8

DES PRUNELLES.

Probablement.

Il dégage sa main.

CYPRIENNE.

Ah ! tu n'en es pas sûr ?...

DES PRUNELLES.

Dame !

CYPRIENNE.

On t'attend ?

DES PRUNELLES.

Non... mais je trouverai peut-être quelque ami...

CYPRIENNE.

Une femme ?

DES PRUNELLES, *riant.*

Oh !

CYPRIENNE.

Avoue que tu vas diner avec une femme?

DES PRUNELLES, *riant.*

Je t'assure que non !

CYPRIENNE.

Henri, ne mens pas.

DES PRUNELLES, *de même.*

Mais je ne mens pas !

CYPRIENNE.

Tu n'es pas franc ! Ce n'est pas loyal. Moi, je t'ai tout

dit. Dis-moi tout ! — Qui est-ce?... Je t'en prie. Dis-moi
qui c'est?

DES PRUNELLES, riant.

Mais puisque je ne la connais pas moi-même.

CYPRIENNE, allant à lui et chiffonnant du bout du doigt sa cravate.

Tu t'es bichonné comme ça pour dîner seul?...

DES PRUNELLES.

Mais oui !

CYPRIENNE.

Jamais tu ne t'es fait si beau pour moi !

DES PRUNELLES.

Oh ! par exemple !...

CYPRIENNE, à moitié agacée et le câlinant.

Enfin, voyons, au point où nous en sommes, c'est drôle,
ça... des cachotteries... pourquoi?... (Lui prenant le bras
amicalement.) Qu'est-ce que cela me fait à présent?... Nous
ne sommes plus que de bons amis... n'est-ce pas ?...
Deux camarades ?... deux garçons?...

DES PRUNELLES.

Sûrement !

CYPRIENNE.

Eh bien, alors ?

DES PRUNELLES.

Eh bien alors, qu'est-ce que cela te fait ?

CYPRIENNE.

Mais pour le savoir ! Cela m'agace de ne pas savoir

DES PRUNELLES, riant.

Puisque je te répète qu'il n'y a personne !

CYPRIENNE, lui lâchant le bras.

Tu ne peux pas le dire sans rire !

DES PRUNELLES.

Je ris... parce que c'est trop plaisant, cet accès de jalousie posthume !

CYPRIENNE.

Mais ce n'est pas de la jalousie ! c'est de la curiosité.
Et c'est bien naturel, voyons... Toutes les femmes ! ..

DES PRUNELLES.

Je ne peux pourtant pas te dire...

CYPRIENNE, vivement.

Ah ! tu ne peux pas !... Tu vois !

DES PRUNELLES.

Parce que...

CYPRIENNE.

Tu as peur de la compromettre ?...

DES PRUNELLES.

Non, parce que...

CYPRIENNE, sans l'écouter.

Je la connais ?

DES PRUNELLES.

Pas plus que moi.

CYPRIENNE, vivement.

Mais autant!.. C'est une de mes connaissances?

DES PRUNELLES.

Si tu...

CYPRIENNE.

Parions que c'est une de mes amies!..

DES PRUNELLES.

Oh!

CYPRIENNE.

Oh! c'est toujours ainsi! — Je gagerais bien qu'en cherchant... (Vivement.) Madame de Brionne!

DES PRUNELLES.

Estelle?

CYPRIENNE.

Estelle! — Ah! tu t'es trahi!

DES PRUNELLES.

Mais non!

CYPRIENNE.

Oh! « Estelle! » Voyons, ce n'est pas clair!

DES PRUNELLES.

Mais je l'appelle « Estelle » comme toi!

CYPRIENNE, s'éloignant un peu de lui.

Oh! comme moi, merci! — Moi je dis : « Estelle » tout court!.. Mais vous : « Est...e...elle! » Vous bêlez son nom!.. Il y en a pour une heure!

DES PRUNELLES.

Mais...

CYPRIENNE.

Oh! d'ailleurs, je m'en doutais bien, va!

DES PRUNELLES.

Ah!

CYPRIENNE.

Elle était toujours fourrée chez moi et je n'ai jamais pu la souffrir, cette mijaurée-là, avec ses airs évaporés!... Une finaude, jalouse, envieuse, rusée!

DES PRUNELLES.

Oh!...

CYPRIENNE, s'appuyant contre la table.

Oh! naturellement vous la défendez, — et fausse des pieds à la tête!... Les cheveux, les sourcils, jusqu'aux cils, rien à elle. Peinte, astiquée, vernissée!... Elle a un sourire... je me demande avec quoi elle a fabriqué ça!

DES PRUNELLES.

Oh!

CYPRIENNE, quittant la table.

D'ailleurs, elle ne s'en est pas cachée tantôt... quand elle nous a dit qu'elle espérait le divorce, pour prendre le mari d'une autre!... Et tout à l'heure, là, sous mon nez, elle était assez radieuse... Elle dansait de joie!... Vous lui baisiez les mains!.. C'en était indécent!

DES PRUNELLES.

Si tu me laissais!..

CYPRIENNE.

Eh bien! là, votre conquête, vrai!... je ne vous en fais pas mon compliment!

DES PRUNELLES.

Ah! ce n'est pas de bon goût, bichette! — Moi, je ne t'ai pas éreinté ton Adhémar!

CYPRIENNE, remontant par la gauche.

Oh! faites! — Estelle!... Je vous demande un peu!... Estelle!... C'est que vous êtes encore assez bête pour l'épouser.

DES PRUNELLES.

Je te ferai remarquer...

CYPRIENNE, les deux mains sur le dos du canapé.

Tu l'épouseras?

DES PRUNELLES.

Je ne dis pas ça!

CYPRIENNE.

Mais vous le ferez! (Avec un cri d'horreur.) Oh!... Vous épouserez cette drôlesse qui a trompé son premier mari, qui vous trompera comme lui, et qui trompera le troisième, quand vous serez mort, empoisonné par ses produits chimiques!

Tout en parlant elle a gagné la droite derriere la table. *

DES PRUNELLES.

Tu vas loin!

Il s'assied sur le canapé, mettant ses gants.

CYPRIENNE, descendant à l'avant-scène de droite.

Et cette chipie prendra ici ma place!... Elle s'installera

* Des Prunelles, Cyprienne.

dans ma maison, (Elle remonte et frappe sur le fauteuil.) Dans mes meubles! Elle m'éclaboussera dans mes voitures. (Allant à Des Prunelles devant la table.) Mais si je savais ça!.. plutôt que de vous laisser faire!... je ne divorcerais plutôt pas!

DES PRUNELLES.

Et Adhémar?..

CYPRIENNE, tombant sur le fauteuil à droite de la table.

Oh! Adhémar!... Être quittée pour cette poupée! Oh! non, non, non! là, vrai, c'est trop raide!

DES PRUNELLES, debout.

Je ne te quitte pas!.. Nous nous quittons.

CYPRIENNE, se levant et descendant.

Une autre encore, cela me serait égal!.. Mais celle-là.. Oh!..

DES PRUNELLES, derrière elle.

Eh bien, sois heureuse, ce n'est pas elle!

CYPRIENNE, se retournant vivement vers lui et lui saisissant le revers de son habit pour le regarder face à face.

C'est donc une autre? *

DES PRUNELLES.

Je...

CYPRIENNE.

Qui?..

DES PRUNELLES.

Puisque ça t'est égal!

* Cyprienne, Des Prunelles.

CYPRIENNE.

Ça m'est égal!... mais c'est égal... Dis-moi toujours qui?

DES PRUNELLES.

Mais. .

CYPRIENNE.

Jeune?... Jolie?...

DES PRUNELLES.

Puisque...

CYPRIENNE.

Plus jolie que moi?

DES PRUNELLES.

Mais qu'est-ce que ça te fait?

CYPRIENNE, résolument et avec l'envie de pleurer comique.

Ça m'ennuie!

DES PRUNELLES.

Bah!

CYPRIENNE.

Oui, ça m'ennuie, là...' que tu t'en ailles comme ça, tout de suite, courailler avec une autre... C'est ridicule, je sais bien... mais c'est plus fort que moi ; ça m'agace!

DES PRUNELLES, riant.

Pourtant...

CYPRIENNE.

Et puis tu es trop gai, tu as l'air trop heureux. Je ne t'ai jamais vu si gai que ça!

DES PRUNELLES, lui prenant les main comme pour prendre congé d'elle
Tous deux au fauteuil.

Mais il y a bien de quoi, mon bon petit chat. Mon indépendance, ton repos, notre bonheur commun!... Je suis heureux de te voir heureuse... car enfin, tu es heureuse, n'est-ce pas?

CYPRIENNE, à genoux sur le fauteuil, sans conviction.

Oui.

DES PRUNELLES.

Eh bien?

CYPRIENNE, prête à pleurer.

Mais il y a une grosse mouche dans mon lait!

DES PRUNELLES.

Quelle mouche?

CYPRIENNE, tombant dans ses bras par-dessus le fauteuil et fondant en larmes

Tu ne me regrettes pas assez!

DES PRUNELLES.

Ah!

CYPRIENNE, même jeu.

Non! tu n'es pas gentil! Tu me jettes là dans un coin comme un vieux bouquet. Vlan!.. allez donc! — C'est humiliant, je ne veux pas être lâchée tant que ça!

DES PRUNELLES, la serrant sur son cœur en lui tapotant l'épaule.

Tu n'es donc pas contente, toi, de nous séparer?

CYPRIENNE, même jeu.

Si, mais cela ne m'empêche pas d'avoir des regrets...

J'ai des regrets, moi; toi, pas un! Nous avons pourtant eu ensemble quelques bons moments...

DES PRUNELLES, *même jeu.*

Quelquefois.

CYPRIENNE, *même jeu.*

Oh! souvent! Tu vois bien, tu les as oubliés, toi. — Il n'y a que moi qui me souvienne encore.

DES PRUNELLES, *même jeu, lui baisant les cheveux sur le front.*

Mon gros bébé!

CYPRIENNE, *même jeu.*

Dîne avec moi encore une fois. On dîne chez soi les jours de fête. C'est un jour de fête. Tu dîneras demain avec l'autre.

DES PRUNELLES, *même jeu.*

Mais il n'y en a pas, d'autre!

CYPRIENNE, *même jeu.*

Oh!

DES PRUNELLES, *même jeu.*

Veux-tu t'en assurer?

CYPRIENNE, *même jeu.*

Comment?

DES PRUNELLES, *même jeu.*

Viens dîner avec moi.

CYPRIENNE, *avec joie, levant l tête.*

Au cabaret?

DES PRUNELLES.

Tous les deux!

CYPRIENNE.

Seuls?

DES PRUNELLES.

En garçons!

CYPRIENNE.

Le dîner des adieux !

DES PRUNELLES.

Le dîner du divorce! — Ah! c'est gentil, ça.

CYPRIENNE.

Oh! oui !

DES PRUNELLES.

Je te ferai faire un bon petit repas!

CYPRIENNE.

Et tu me griseras ?

DES PRUNELLES.

Si tu veux!

CYPRIENNE, riant et sautant de joie en gagnant la gauche pour
aller prendre son chapeau et son manteau.

Ah! que c'est drôle! la bonne idée! Et puis c'est im-
provisé!... Et si original, si neuf!

DES PRUNELLES.

N'est-ce pas?

CYPRIENNE, mettant son chapeau qui est sur une chaise derrière le canapé et prenant son manteau.

Oh! que ça m'amuse donc! A la bonne heure! voilà qui m'amuse tout plein! Tiens, que je t'embrasse! (Elle embrasse Des Prunelles qui est remonté et descend à droite.) Et puis, comme ça, je suis sûre que tu ne dîneras pas avec l'autre!

Elle pose son manteau sur le fauteuil à l'extrême droite et noue les rubans de son chapeau.

DES PRUNELLES, vivement, et jouant la surprise. *

Alors, sérieusement, tu viens?

CYPRIENNE.

Mais!...

DES PRUNELLES.

Je t'offrais ça en riant... moi!...

CYPRIENNE, même jeu.

Eh bien, tant pis pour toi; je te prends au mot: voilà tout!...

DES PRUNELLES.

Mais, Adhémar, malheureuse?

CYPRIENNE, prenant son manchon.

Oh! Adhémar!... Est-ce que je n'ai pas le temps de dîner avec Adhémar tous les soirs de ma vie!

DES PRUNELLES.

E' s'il se fâche!...

* Des Prunelles, Cyprienne.

CYPRIENNE, mettant ses gants.

Eh bien, il se fâchera !

DES PRUNELLES.

Il te fera une scène !

CYPRIENNE.

Je le lui conseille ! (Avec dignité.) D'ailleurs, est-ce que je peux dîner en tête-à-tête avec lui, en ton absence ? De quoi ça aurait-il l'air... devant les domestiques ?...

DES PRUNELLES.

Un futur

CYPRIENNE.

Est-ce qu'on le sait ? — Tous les trois, bon, — ou nous deux !

DES PRUNELLES.

...Mieux encore !...

CYPRIENNE, prenant son bras et se serrant contre lui en mettant ses gants.

C'est si drôle... ce dîner de noce à rebours.

DES PRUNELLES.

Le dernier tête-à-tête !...

CYPRIENNE.

En route ! — Il va venir !

Elle fait sonner le timbre.

DES PRUNELLES, allant prendre son chapeau et son pardessus au fond à droite et regardant du côté de l'entrée.

Le voilà !...

CYPRIENNE.

Adhémar ?

DES PRUNELLES.

Dans la cour !

SCÈNE IX

Les Mêmes, JOSÉPHA.

CYPRIENNE, à Josépha qui entre par la gauche, premier plan. *

Josépha !

JOSÉPHA, derrière le canapé.

Madame !

CYPRIENNE, vivement.

Voilà Monsieur qui rentre ! Non !... je veux dire Adhémar !

DES PRUNELLES.

Si ! si ! — Monsieur !... C'est exact !

CYPRIENNE, très agitée.

Vous lui direz que j'ai été forcée de sortir.

DES PRUNELLES, il ouvre la porte du jardin.

Seule !...

CYPRIENNE.

Seule !! Seule !!!

* Josépha, Cyprienne, Des Prunelles.

JOSÉPHA, surprise.

Ah !

CYPRIENNE, passant à droite près de Des Prunelles.

On est venu me chercher, un prétexte quelconque !.. Vous n'en manquez jamais pour vous !... Je le prie de m'excuser... Ah ! il peut dîner, s'il veut !

JOSÉPHA, stupéfaite.

Oui, Madame !

DES PRUNELLES.

Le voici !

CYPRIENNE, le poussant devant elle.

Vite donc !... Il va nous pincer !

Ils sortent par la petite porte à droite.

JOSÉPHA, les suivant des yeux avec stupeur.

Ah !... Ils sont donc ensemble ?

SCÈNE X

Les Mêmes, ADHÉMAR, BASTIEN

Adhémar arrive par le fond en habit, cravate blanche, gants blancs, un bouquet de roses blanches à la main. Il a l'air d'un marié — Bastien paraît sur le seuil de la porte, 2e plan, en tenue de maître-d'hôtel.

JOSÉPHA, vivement.

Monsieur n'est pas chez lui !

ADHÉMAR radieux, passant à droite.

Monsieur, ça m'est égal!... Madame

JOSÉPHA

Madame vous prie de l'excuser, Monsieur... Elle vient de sortir!

ADHÉMAR, saisi.

Sortir?

JOSÉPHA.

Oui, Monsieur... Sa tante est bien malade. *

ADHÉMAR, consterné.

Déjà!... (Jetant son bouquet sur la table). Sa tante?... Ah! nous allons bien voir! — J'y vais, chez sa tante!..

Il sort vivement.

DASTIEN.

Madame est servie!

Il offre son bras à Josépha qui a pris le bouquet sur la table; et tous deux entrent dans la salle à manger à gauche, 2° plan, en singeant leurs maîtres. — Ce jeu de scène très rapide doit avoir lieu tandis que le rideau descend.

Bastien, Adhémar, Josépha.

9

ACTE TROISIÈME

Un petit salon de restaurant très élégant, à pans coupés. Au fond, porte d'entrée à deux battants donnant sur une antichambre, au fond de laquelle est une table-dressoir, pour le service. A gauche, premier plan, porte d'un cabinet de toilette. Deuxième plan, un piano avec son tabouret. Troisième plan, pan coupé, une fenêtre. Entre la fenêtre et la porte du fond une petite table de service sur laquelle sont des assiettes, des fourchettes, cuillers, couteaux et un huilier avec flacon d'épices. A droite, premier plan, une cheminée, sur laquelle une pendule, deux candélabres, une carafe et deux rince-bouche. Deuxième plan, un paravent à sept feuilles replié et de demi-hauteur. Troisième plan, pan coupé, une porte. Au milieu, une table ronde, sur laquelle deux couverts. Une chaise à gauche de la table. A gauche de la scène, un canapé-causeuse avec coussin. A droite, plus haut que la cheminée, un fauteuil. Un lustre non allumé. Deux bougies seulement sont allumées à chacun des candélabres de la cheminée. Une chaise devant la fenêtre.

SCÈNE PREMIÈRE

CYPRIENNE, DES PRUNELLES, JOSEPH, Deux Garçons

JOSEPH, il ouvre la porte du fond devant Des Prunelles qui entre donnant le bras à Cyprienne. Il est suivi de deux garçons, dont l'un porte un bâton avec mèche pour allumer le lustre.

Ce petit salon conviendra parfaitement à Madame!

DES PRUNELLES.

Oui!

CYPRIENNE. *

Seulement, il ne fait pas chaud ici.

JOSEPH.

Oh! Madame, quand on aura allumé le feu et le gaz.

Un garçon allume le feu, l'autre s'apprête à allumer le lustre.

DES PRUNELLES.

Non, non, n'allumez pas le lustre; les candélabres seulement.

JOSEPH, au premier garçon.

Les candélabres. (Le premier garçon allume les candélabres. Le second prépare le service au fond. A Des Prunelles.) Il y a au moins deux ans qu'on n'a vu Monsieur...

Il l'aide à ôter son pardessus.

DES PRUNELLES,

Est-ce que ce n'est pas le numéro 8, ici?...

JOSEPH.

Monsieur le reconnaît?

DES PRUNELLES.

Oui... On l'a rafraîchi, par exemple.

JOSEPH.

Et puis, il y a des aménagements bien commodes... Au fond, cette antichambre. Ici, un cabinet de toilette, où Madame pourra déposer son chapeau, son manteau.

CYPRIENNE.

Oui, quand je me serai réchauffée.

Elle va à la cheminée, se chauffe le bout des pieds. Joseph va porter le pardessus et le chapeau de Des Prunelles dans le cabinet de gauche.

* Joseph, Des Prunelles, Cyprienne.

DES PRUNELLES, ôtant ses gants.

Est-ce que vous n'avez pas ce soir M. Clavignac?

JOSEPH, revenant.

Oui, Monsieur, au numéro 11, six couverts. — Monsieur n'attend personne? — Deux couverts seulement?

DES PRUNELLES.

Oui.

JOSEPH.

Madame désire-t-elle la table plus près du feu?

CYPRIENNE.

Oui, et développez le paravent; car il vient un petit vent coulis par là.

JOSEPH.

Oui, Madame.

Les garçons, pendant ce qui suit, roulent la table devant la cheminée, développent le paravent perpendiculairement au mur, portent la chaise près de la table, tournent le fauteuil du côté de la table et achèvent le service en allant chercher au fond les fourchettes, les cuillers, etc.

JOSEPH, passant la carte du jour à Des Prunelles.

Monsieur prendra des huîtres? Marennes, Ostende?...

DES PRUNELLES, à Cyprienne, en allant s'asseoir sur la chaise.

Voulez-vous des huîtres, ma chère?

CYPRIENNE, se chauffant le bout du pied à la cheminée, assise sur le bras du fauteuil.

Je n'y tiens pas.

DES PRUNELLES, s'asseyant sur la chaise et consultant la carte sur la table.

Ni moi!

JOSEPH, tirant un carnet et un crayon de sa poche, prêt à écrire.

Potage bisque, Crécy, Saint-Germain ?

CYPRIENNE.

Bisque !

JOSEPH, tout en écrivant.

Poisson : Turbot, saumon ?...

DES PRUNELLES.

Après la bisque ?...

Les deux garçons sortent.

JOSEPH.

C'est juste !

CYPRIENNE.

J'aime mieux des écrevisses.

DES PRUNELLES.

Oui, pas de poisson. — Vous nous donnerez pour finir des écrevisses bordelaises.

JOSEPH.

Bien, Monsieur. Pour entrée, je puis offrir à Monsieur une timbale ?

DES PRUNELLES.

Non ! — Côtelettes d'agneau, feu d'enfer !

JOSEPH, écrivant.

Feu d'enfer.

DES PRUNELLES.

Ensuite...

JOSEPH.

Un joli gibier?... Caille... Nous avons de jolies cailles?

DES PRUNELLES.

Non, perdreau truffé...

JOSEPH, écrivant.

Truffé!...

DES PRUNELLES.

Et salade russe! — Mais une vraie!

JOSEPH.

Recommandée.

DES PRUNELLES.

Puis les écrevisses!

Il pose la carte sur la table.

JOSEPH, insinuant.

Pas une petite glace?

DES PRUNELLES.

Non, non, pas de glace... à moins que Madame...

CYPRIENNE.

Non! des fruits, voilà tout. Surtout du raisin.

DES PRUNELLES.

Vous entendez?

JOSEPH.

C'est compris! — Menu délicat, distingué, très distingué, Monsieur. Du café, sans doute?

DES PRUNELLES.

Non. — Ni Madame ni moi n'en prenons le soir.

JOSEPH.

Si monsieur veut désigner ses vins ?

DES PRUNELLES.

A l'ordinaire, du champagne frappé.

JOSEPH.

Moët, Cliquot?..

DES PRUNELLES.

Non, Rœderer... Et votre Chambertin, si vous en avez encore ?

JOSEPH.

68 ?

DES PRUNELLES.

Oui!

JOSEPH.

Il y en aura pour Monsieur.

DES PRUNELLES.

Pressez un peu !

JOSEPH.

Oui, Monsieur. (Aux garçons qui paraissent au fond.) Allons, vivement!

Il sort.

SCÈNE II

DES PRUNELLES, CYPRIENNE.

DES PRUNELLES.

Eh bien!... Te réchauffes-tu ?

CYPRIENNE, ôtant son manteau et son chapeau qu'elle pose sur le fauteuil.

Cela commence. — Il paraît que vous êtes un familier de la maison?

DES PRUNELLES.

Je l'étais.

CYPRIENNE.

Et vous allez le redevenir?

DES PRUNELLES.

C'est probable.

CYPRIENNE.

Ah!.. c'est ici que monsieur a fait ses farces?

DES PRUNELLES.

Oh! pas tant que tu le crois, va.

CYPRIENNE.

Je suis sûre qu'en me voyant avec vous, ces garçons me prennent pour une cocotte !

DES PRUNELLES.

Oh ! par exemple ! Mais pour ma maîtresse, c'est probable ! Comme ils ne te connaissent pas !

CYPRIENNE.

Alors, me voilà compromise ?

DES PRUNELLES, riant.

Un peu.

CYPRIENNE, se tournant vers la glace pour arranger ses cheveux.

C'est drôle!... Ah! tous ces noms sur la glace !

DES PRUNELLES.

Ne donne pas là-dedans, je t'en prie !

CYPRIENNE.

Comment ?

DES PRUNELLES.

C'est le patron qui a fait tout ça avec la bague de sa femme, pour donner à son cabinet un air très fréquenté !

CYPRIENNE.

Ah!

SCÈNE III

LES MÊMES, JOSEPH, puis ADHÉMAR.

JOSEPH, entrant par le fond avec une carte sur un plateau.

Monsieur!... il y a là une personne à qui on 'a dit que Monsieur était au n° 8, et qui demande si Monsieur veut bien la recevoir!

Joseph passe la carte à Des Prunelles. Un garçon entre à la suite de Joseph portant la soupière qu'il place sur la console au fond et sort.

DES PRUNELLES, qui a lu la carte, à Cyprienne.

Adhémar!

CYPRIENNE.

Ah!

DES PRUNELLES, à Joseph.

C'est bien... Attendez! (Joseph se retire au fond par discrétion et reste sur le seuil de la porte dont un seul battant est ouvert. A Cyprienne, à mi-voix), Je l'invite?

CYPRIENNE, vivement.

Ah! mais non!

DES PRUNELLES.

Pourtant, ma chère!

CYPRIENNE.

Non! non! non! Je ne veux pas !

DES PRUNELLES.

C'est bien difficile, l'ayant invité là-bas...

CYPRIENNE, déchirant la carte.

Qu'il y dîne!... qu'est-ce qu'il vient faire ici? — Il ne peut pas nous laisser divorcer tranquillement!

Elle jette les morceaux au feu.

DES PRUNELLES, se levant.

Alors, comme il ne sait pas que tu es ici... je le congédie!... Rentre là, un moment...

Il lui montre le cabinet à gauche.

CYPRIENNE, prenant son chapeau et son manteau sur le fauteuil et traversant la scène.

C'est ça!.. Dis donc?... Et vivement! Hein! J'ai faim !...

Elle entre dans le cabinet de toilette.

DES PRUNELLES, à Joseph.

Faites entrer.

JOSEPH, ouvrant la porte du fond, à la cantonnade.

Si monsieur veut...

ADHÉMAR, entrant.

Ah! on peut entrer?

DES PRUNELLES.

Oui, oui, entrez donc!

Joseph sort.

ADHÉMAR, il est mouillé. Il a son parapluie.

Que je vous demande pardon, cher monsieur... Je vous dérange?

Il pose son chapeau sur le canapé à gauche.

DES PRUNELLES.

Mon Dieu! j'attends quelqu'un. (Le faisant passer à droite et lui offrant sa chaise.) Entrez donc!... Mais comment m'avez-vous trouvé?

ADHÉMAR, plaçant son parapluie contre le dossier de la chaise.

Au cercle, on m'a dit que vous deviez dîner ici avec M. de Clavignac.

DES PRUNELLES.

Ah! oui! — Eh bien! qu'y-a-t-il?

ADHÉMAR, s'asseyant sur la chaise.

Ah! mon cher monsieur, vous voyez un homme bien troublé! — Il était convenu n'est-ce pas, que nous dînions ensemble?

DES PRUNELLES.

Pas moi!... Vous et Cyprienne!

ADHÉMAR.

Précisément, moi et Cyprienne... pardon, votre femme, c'est-à-dire, non, la mienne... Enfin, la nôtre!

DES PRUNELLES.

Oui!

ADHÉMAR.

J'arrive! Personne! On me dit que vous veniez de sortir.

DES PRUNELLES.

En effet!

ADHÉMAR.

Et Cyprienne aussi!

DES PRUNELLES.

Elle est sortie?

ADHÉMAR.

Après vous.

DES PRUNELLES.

Pour aller?

ADHÉMAR, le regardant d'un air piteux.

Chez sa tante, qui est malade.

DES PRUNELLES.

Ah!

ADHÉMAR, vivement.

Ah! vous n'en saviez rien, n'est-ce pas

DES PRUNELLES.

Non!

ADHÉMAR, se levant vivement.

Je vous crois! J'en viens de chez la tante. Elle se porte comme un charme. Et pas plus de Cyprienne que sur ma main.

DES PRUNELLES.

Pardon. Vous parlez de la tante?...

ADHÉMAR.

Guérin, veuve Guérin, boulevard du Temple...

DES PRUNELLES.

Oh ! ce n'est pas cela du tout !

ADHÉMAR.

Non !

DES PRUNELLES.

Oh ! non! Il s'agit de la tante Nicole, asthmatique, quatre-vingt-trois ans, rue de Paris, 92.

ADHÉMAR.

Ah! saperlotte... c'est loin. — Et il fait un temps !

DES PRUNELLES, remontant vers la fenêtre.

Il pleut?...

ADHÉMAR, allant prendre son chapeau sur le canapé.

De la neige fondue et pas une voiture!

DES PRUNELLES, descendant. *

Diable !

Ici Cyprienne ouvre la porte du cabinet et écoute.

ADHÉMAR.

Si encore j'étais sûr !... Dites donc, entre nous... Est-ce que vous donnez beaucoup dans cette tante-là, vous ?

DES PRUNELLES.

Moi ?

ADHÉMAR.

Oui.

* Adhémar, Des Prunelles.

DES PRUNELLES.

Euh!... je ne sais pas trop.

ADHÉMAR.

C'est que ça m'a joliment l'air d'une craque. Vous ne trouvez pas ?

DES PRUNELLES.

Dame! vous savez, moi, je n'ai pas d'opinion là-dessus. Ça ne me regarde plus.

ADHÉMAR.

Oui, mais comme prédécesseur, n'est-ce pas, vous pou vez m'éclairer. — Est-ce qu'elle s'est déjà servie de cette tante-là, avec vous ?

DES PRUNELLES.

Pas trop !... Pourquoi ?

ADHÉMAR.

Pour savoir si c'est un truc dont elle ait l'habitude.

CYPRIENNE, derrière la porte, à elle-même.

Oh !

DES PRUNELLES.

Vous la soupçonnez ?

ADHÉMAR.

Ah! c'est que je la connais si maligne, cette femme là... je l'ai vue vous rouler...

DES PRUNELLES.

Ah! ah!

ADHÉMAR.

Vous en a-t-elle fait voir de toutes les couleurs!...

DES PRUNELLES.

Bon avec moi, mais avec vous?

ADHÉMAR.

Oh ! avec moi, ça ne prendrait pas du tout, ces manières-là.

DES PRUNELLES.

Parbleu !

ADHÉMAR,

Ah! mais non! Je ne serai pas si gobeur que vous, moi! (Mettant son chapeau avec autorité.) Il faudra marcher droit, avec moi !

DES PRUNELLES, avec un coup d'œil à Cyprienne.

Ah! ah! mon gaillard!

ADHÉMAR.

Vous dites... la tante?

DES PRUNELLES.

Nicole, 92, rue de Paris.

ADHÉMAR, s'asseyant sur le canapé.

Nom d'un chien! (Il retrousse le bas de son pantalon. A lui-même. S'il n'y avait pas les quatre cent mille !... Mais voilà, il y a !...(Se levant.) Enfin ! j'y cours... Mille pardons... et bon appétit !

Il s'éloigne vers le fond

DES PRUNELLES.

Merci! (Le rappelant tout en prenant le parapluie.) Et votre parapluie !

ADHÉMAR, revenant.

Ah! c'est vrai! Merci!

Ils font le geste de se serrer la main avec le parapluie.

DES PRUNELLES.

Bon voyage! (Adhémar sort. Des Prunelles ferme la porte et se dirige vers la porte du cabinet par derrière le canapé. A lui-même.) Je le paierais, celui-là, qu'il ne jouerait pas mieux mon jeu!

SCÈNE IV

CYPRIENNE, DES PRUNELLES

CYPRIENNE, se montrant et à demi-voix.

Parti?

DES PRUNELLES, feignant de vouloir rappeler Adhémar.

Un remords?... Je le rappelle?...

CYPRIENNE, à mi-voix vivement.

Ah! mais non!... non!... non! par exemple!

DES PRUNELLES, revenant en scène.

Pauvre garçon!... Il court au diable!

CYPRIENNE.

Mais qu'il trotte!... C'est bien fait!... A-t-on jamais vu!... Ce monsieur qui se permet de me soupçonner déjà!

DES PRUNELLES.

Oh ! c est mal !

CYPRIENNE.

Et puis mes *trucs !*... Et cette *femme-là !*... Et c'est *une craque !*... Et *je t'ai roulé !*... Est-ce que ce sont des choses à dire ?

DES PRUNELLES.

Non !

CYPRIENNE.

Ah! et ce ton ? (L'imitant.) « C'est que ça ne prendrait pas avec moi... Ah! ah! c'est qu'il faudra marcher droit avec moi !... » Mais d'abord, je marcherai comme je voudrai !

DES PRUNELLES, appuyant.

Ça !

CYPRIENNE, passant à droite.

Allons!... Allons!... Il est bête, Adhémar!

Joseph et les deux garçons entrent par le fond. Joseph porte une assiette de fruits qu'il pose sur la table du fond et sert le potage.

DES PRUNELLES.

Calme-toi! (Aux garçons.) Servez! (A Cyprienne.) Calme-toi, et à table!

Ils se mettent à table, Des Prunelles sur la chaise, Cyprienne sur le fauteuil. Les deux garçons leur servent chacun une assiette de potage et sortent par le fond avec Joseph, laissant la porte ouverte. On voit Joseph au fond.

CYPRIENNE*.

Le potage va être froid!... tenez!... grâce à lui!

DES PRUNELLES, tout en prenant son potage.

Mon Dieu, chère petite... il faut pourtant bien te faire a

* Des Prunelles, Cyprienne

l'idée que tu ne retrouveras jamais l'amant dans le mari.
Il est dans son rôle, ce garçon. Il est maladroit, je te
l'accorde !

CYPRIENNE.

Et grognon, et ennuyeux, et...

DES PRUNELLES, l'interrompant.

Mais il n'y a pas de sa faute. Tout cela, c'est l'emploi du
mari. Pourquoi étais-je grognon, moi, ce matin, et pourquoi suis-je de belle humeur ce soir?... Parce que ce
matin j'étais le mari, et que je ne le suis plus. C'est
son tour de grogner : il se défend !

CYPRIENNE.

C'est qu'il menace d'être plus ennuyeux que toi.

DES PRUNELLES.

Naturellement, il est plus jeune. Et il a moins vécu !..
(Rentrent Joseph et les deux garçons. Joseph porte une bouteille de champagne dans un seau qu'il pose à droite de Des Prunelles. Le 1er garçon
porte le plat de côtelettes d'agneau qu'il pose au milieu de la table. Le
2me garçon enlève les assiettes de potage. Après quoi, ils sortent tous les
trois)... Mais je n'aurai pas le mauvais goût de dénigrer
l'homme... (Avec intention pour que les garçons ne comprennent pas.) à
qui je cède la suite de mes affaires. Je lui accorde au
contraire une intelligence supérieure, tout ce qu'il faut
pour faire prospérer l'entreprise. Il n'échappera pas aux
inconvénients de sa situation. (Les garçons ferment la porte.
Il place à sa gauche le seau de champagne entre Cyprienne et lui.) En
somme, vois-tu bien, tous les maris peuvent être ra-
menés à un type unique : le mari. Et tous les amants à
un autre type : l'amant! — Le mari a tous les défauts;
l'amant tous les mérites. C'est convenu. — En réalité, le
mari n'a qu'un défaut : c'est d'être le mari. Et l'amant

qu'une qualité, c'est d'être l'amant. (Cyprienne se· verse du champagne.) Cela est si vrai que le même homme peut être à la fois le mari très ennuyeux de sa propre femme et l'amant très agréable de la femme d'un autre. La différence n'est donc pas dans l'individu, elle est dans la fonction.

Il se verse à boire. Joseph entre avec une bouteille couchée dans un panier.

CYPRIENNE.

Alors, il ne faut pas se marier?..

DES PRUNELLES

Oh! il y a aussi tant d'inconvénients à ne pas le faire...

Il boit.

CYPRIENNE.

Alors, quoi?

DES PRUNELLES.

Eh! mon Dieu!.. (A Joseph qui veut lui verser à boire.) Non, je servirai moi-même!

JOSEPH, posant le panier sur la table à droite de Des Prunelles.

68, Monsieur.

DES PRUNELLES.

Bien... allez... et tâchez qu'on nous laisse tranquilles... J'appellerai. (Joseph sort et ferme la porte.)... Mon Dieu, il faut être raisonnable, chère petite... J'en parle bien à mon aise, n'est-ce pas: nous divorçons!.. Il n'y a plus ici ni mari, ni femme.... Mais deux bons amis, deux garçons, qui jasent au cabaret, les coudes sur la table... (Ils boivent tous deux.) Eh bien, n'attends pas de ce pauvre Adhémar ce qu'il ne peut pas t'offrir!.. La passion!.. l'ivresse!.. des folies, tout ça!.. Contente-toi de ce qu'il peut te donner, et s'il le donne régulièrement, convenablement, sois heureuse. Le bonheur n'est pas dans les excès! va!.. un bon ordinaire, une bonne moyenne, voilà le bonheur.

CYPRIENNE.

Si elle est bonne!.. bonne!

DES PRUNELLES, sonnant.

Mon Dieu, elle l'est toujours avec un peu de concessions mutuelles... (Rentrent par le fond Joseph et les deux garçons. Joseph tient d'une main une assiette et de l'autre le perdreau, et va à la table à droite de Des Prunelles. Le 1er garçon avec une assiette, va à la table, entre Cyprienne et Des Prunelles. Le 2me garçon porte un saladier qu'il pose sur la table du fond.) Ainsi, tiens, en Suisse, il y avait autrefois une coutume bien spirituelle!.. Je ne sais pas si elle existe encore!.. (A Joseph.) Mettez là, je découperai. (Des Prunelles et Cyprienne passent leurs assiettes au 1er garçon qui donne à Cyprienne l'assiette qu'il a en main, pendant que Joseph fait de même avec Des Prunelles et pose le perdreau sur la table à la place du plat de côtelettes qu'il enlève. Les deux garçons sortent et Joseph va à la table du fond assaisonner la salade. Des Prunelles découpant le perdreau.) Quand deux époux voulaient divorcer, on les enfermait dans une chambre pendant huit jours, avec une table, une assiette, une chaise et un lit! Et on leur passait à manger par un vasistas!

CYPRIENNE, riant.

Ah!

JOSEPH, descendant à Des Prunelles et lui présentant un flacon de poivre rouge.

Monsieur désire-t-il?

DES PRUNELLES.

Parbleu!.. (Joseph retourne assaisonner la salade.) Au bout de huit jours on arrivait : toc! toc!..

Il frappe sur la table avec son couteau.

JOSEPH se retournant vivement.

Monsieur?

DES PRUNELLES.

Non!.. pas vous!.. (Reprenant.) « Eh! là-dedans, où en sommes-nous?... Et ce divorce? »

CYPRIENNE.

Profond silence! — Ils s'étaient dévorés!

DES PRUNELLES.

Eh bien! pas du tout! Trois fois sur cinq, ils ne voulaient plus divorcer! (Joseph apporte le saladier sur la table et veut s'en aller. Des Prunelles le retient.) Attendez!.. (Il goûte la salade.). Bon!.. Allez!..

Joseph pose le saladier et sort.

CYPRIENNE, riant.

Alors, tu crois que si on nous enfermait?..

DES PRUNELLES, la servant.

Oh! je ne parle pas pour nous. Nous sommes des gens raisonnables, nous. Nous savons ce que nous faisons. C'est pour dire!..

CYPRIENNE, gaiement.

On ne serait pas trop mal ici!

DES PRUNELLES.

Non! comme ordinaire.... C'est très bon ce que je mange là!

CYPRIENNE.

Oui, mais poivré!

DES PRUNELLES.

Ton verre!.. (Il lui verse et se verse du chambertin.) Et puis, pendant ces huit jours-là, au moins, nous pourrions faire connaissance!..

CYPRIENNE, riant.

Comment, connaissance?

DES PRUNELLES.

Oui!

CYPRIENNE, éclatant de rire.

Oh! que tu es bête!.. Voyons, nous sommes mariés depuis deux ans!..

DES PRUNELLES.

Et vingt-deux jours!.. 26 octobre!

Ils lèvent leurs verres et boivent.

CYPRIENNE

Et nous ne nous connaissons pas?

DES PRUNELLES,

Oh! pas du tout!

CYPRIENNE.

Ah!

DES PRUNELLES, la servant.

Voyons, avoue que tu ne m'as jamais vu de si bonne humeur?

CYPRIENNE.

C'est vrai

DES PRUNELLES.

Tu vois donc bien : — Tu ne me connais pas ! — Et comment me connaîtrais-tu ?... En deux ans, nous n'avons pas vécu dans l'intimité plus de quinze jours !

CYPRIENNE, se récriant en riant.

Ah ! par exemple !

DES PRUNELLES, sonnant.

Je te le prouverai quand tu voudras. (Il sonne.) Parions-nous ?... (A Joseph qui entre.) Garçon, vous avez un crayon ?

JOSEPH.

Oui, Monsieur.

DES PRUNELLES.

Donnez ! — Allez !

Joseph sort. Des Prunelles repousse les assiettes, les verres, les plats, afin de se faire une place libre sur la table qu'il fait rouler tout près de la cheminée. Cyprienne l'aide et met le seau de champagne à sa gauche. Puis Des Prunelles prend la carte du jour et rapproche sa chaise du fauteuil de Cyprienne.

DES PRUNELLES.

Nous liquidons. Faisons notre inventaire. (Écrivant des chiffres sur le dos de la carte.) Nous disons : deux ans et vingt-deux jours de mariage, c'est-à-dire 730 plus 22, total 752 jours, ce qui nous donne, en fait d'heures... Je te fais la bonne mesure ; je te compte la journée à douze heures.

CYPRIENNE.

Seulement !

DES PRUNELLES.

Soyons justes. Je ne te vois jamais le matin avant midi pour le déjeuner. Nous nous quittons entre onze heures et une heure du matin, n'est-ce pas ?... Donc, en moyenne...

toujours la moyenne, moi... de midi à minuit, c'est bien douze heures seulement à vivre ensemble.

CYPRIENNE.

C'est vrai !

DES PRUNELLES.

Or, 752 multiplié par 12 font... (Écrivant des chiffres tout en les additionnant entre ses dents très vite.) Deux, quatre, cinq, quatorze... Neuf mille vingt-quatre heures de mariage.

CYPRIENNE, éclatant de rire.

Et nous n'avons pas eu le temps de nous connaître... en neuf mille ?

Elle se lève, et son verre à la main, va se chauffer les pieds.

DES PRUNELLES.

Oh ! mais attends !... Ceci établi, dans une journée de douze heures, combien d'heures sommes-nous ensemble ? seuls, en tête-à-tête ?

CYPRIENNE.

Par jour, cinq, six heures ?

DES PRUNELLES.

Jamais de la vie ! Je ne compte pas les repas : il y a les domestiques ! — Mettons une heure ; et je suis large !

CYPRIENNE.

Bon ! une heure par jour !

DES PRUNELLES, tout en buvant de temps en temps et commençant à s'animer.

Maintenant, déduisons les jours où nous recevons, ce qui ne peut plus s'appeler être ensemble ; les dîners, les spec

tacles, les visites, les voyages, et cœtera... Tu m'accorde-
ras bien pour tout ça une réduction de plus de moitié?

CYPRIENNE.

Va pour les trois quarts !

DES PRUNELLES.

Reste donc un quart d'heure en moyenne ; c'est-à-dire
sur neuf mille vingt-quatre heures de mariage, cent quatre-
vingt-huit d'intimité!

CYPRIENNE, surprise.

Ah !

DES PRUNELLES.

Les chiffres! — Et encore un bon tiers a été employé à
nous chamailler, et l'autre à nous tourner le dos !

CYPRIENNE, s'appuyant sur son épaule.

Oui, mais ça, c'est de l'intimité !...

DES PRUNELLES.

Aussi je le compte! Divisons par douze: quinze et une
fraction.—Donc, conclusion: En deux ans de mariage, nous
avons eu quinze jours et quatre heures d'intimité! — Je me
suis trompé de quatre heures !...

CYPRIENNE, éclatant de rire.

Ah ! non, ce n'est pas possible !

DES PRUNELLES.

Les chiffres !

CYPRIENNE.

Ah ! ah ! ah !

DES PRUNELLES.

Ça t'amuse ?

CYPRIENNE, qui commence à être gaie.

Non !... ce qui me fait rire... c'est... ah ! ah ! ah !

DES PRUNELLES.

Quoi ?

CYPRIENNE, s'asseyant sur ses genoux.

Une idée ! — Ah ! ah ! ah ! — Je voudrais bien savoir,. — Ah ! ah !

DES PRUNELLES, riant.

Mais quoi ?

CYPRIENNE.

Combien sur toutes ces heures-là !...

DES PRUNELLES.

Eh bien !

CYPRIENNE, assise sur ses genoux.

Combien il y en a eu de consacrées à... (elle étouffe le mot en riant sur son épaule)... à l'amour !

DES PRUNELLES.

Oh !... c'est bien facile... (Joseph entra avec un plat d'écrevisses. En voyant Cyprienne sur les genoux de Des Prunelles, il s'avance avec précaution, pose discrètement le plat à la droite de Des Prunelles et s'esquive. Au moment où il sort, fermant la porte, Des Prunelles et Cyprienne, qui l'ont entendu, tournent le dos de son côté, puis Des Prunelles reprend ses comptes.) Nous pouvons bien sans exagérer, n'est-ce pas, établir que l'amour a eu ses trois bonnes heures par semaine ?

CYPRIENNE, se récriant.

Oh !

DES PRUNELLES.

Oh ! plutôt plus !

CYPRIENNE.

Ah ! mais non !

DES PRUNELLES.

Ah ! si, voyons !... Parce que dans les premiers temps...

CYPRIENNE, riant.

Oui, mais les derniers ?

DES PRUNELLES.

Justement, ça se balance. — Trois heures, est-ce dit ?

CYPRIENNE, toujours sur ses genoux, l'embrassant.

Gascon ! va ! — Enfin !... va pour trois heures !

DES PRUNELLES, additionnant.

C'est-à-dire, deux ans et vingt-deux jours font... (Marmottant des chiffres entre ses dents, très vite.) Cinquante-deux, deux, trois, cent sept semaines, à trois heures par semaine, total, trois cent vingt et une heure !

CYPRIENNE.

D'amour ?

DES PRUNELLES.

D'amour !

CYPRIENNE, buvant et riant.

Oh ! — Je ne m'en rappelle pas tant que ça !

DES PRUNELLES.

Les chiffres ! — Maintenant trois cent vingt et un, divisés par douze, donnent vingt-six et une fraction ! — D'où il résulte que sur quinze jours d'intimité, j'en ai consacré vingt-six et une fraction à l'amour !...

CYPRIENNE riant.

Oh ! une fraction !

DES PRUNELLES.

Vingt-six sur quinze !... Vois si tu es injuste !

CYPRIENNE, éclatant de rire.

Ah ! ah ! (L'embrassant.) Ah ! mon gros poulet, que tu es donc drôle !

On entend un bruit de voix à la porte du fond. Ce sont les garçons qui veulent empêcher Adhémar de rentrer.

LES GARÇONS, dehors.

Non, Monsieur ! — Vous ne pouvez pas !

ADHÉMAR.

Je veux entrer !... J'entrerai !

La discussion continue.

DES PRUNELLES

Adhémar !

CYPRIENNE, sautant debout.

Encore ! — Mais il est assommant, cet être-là !

DES PRUNELLES, se levant.

Cache-toi !

Il rabat vivement le paravent, sur Cyrienne et repousse la table jusqu'au montant de la cheminée.

CYPRIENNE.

Mais flanque-le à la porte une bonne fois, voyons !... que ça finisse.

Elle s'assied sur le fauteuil tout contre le paravent. — Au même instant la porte s'ouvre violemment et Adhémar s'élance dans la pièce, bousculant les garçons. Il ruisselle, le parapluie inonde la scène. Les cheveux, les moustaches sont lamentables.

SCÈNE V

LES MÊMES, ADHÉMAR, JOSEPH ET LES DEUX
GARÇONS

Pendant cette scène, Cyprienne, attablée en vue, mange des écrevisses, puis se lave le bout des doigts dans un des rince-bouche.

DES PRUNELLES, sa serviette à la main*.

Eh bien, eh bien, qu'est-ce que c'est que ça?

ADHÉMAR, fortement enroué.

Monsieur?... les mots me manquent....

DES PRUNELLES.

Oui, c'est pénible!...

ADHÉMAR.

... Pour caractériser votre conduite!... Je viens de chez la tante Nicole...

DES PRUNELLES.

Ah!... comment est-elle?

ADHÉMAR.

Elle n'est plus!...

Il lance son parapluie sous le bras gauche et inonde des Prunelles, Joseph et les garçons qui s'essuient avec leurs serviettes.

* Adhémar, Des Prunelles, Cyprienne.

DES PRUNELLES.

Ah !

ADHÉMAR.

Depuis trois mois !...

DES PRUNELLES.

Ah ! j'ignorais... Une tante si éloignée !

Il fait signe à Joseph et aux garçons de se retirer.

ADHÉMAR, ouvrant son parapluie et le mettant à sécher à gauche.

Une lieue, aller et retour !... Et pas de voiture !... ni de Cyprienne !... Je suis retourné chez vous, ventre à terre, pour voir si elle n'était pas rentrée !... Et je n'ai trouvé que votre Josépha et votre Bastien qui mangeaient votre dîner et qui sifflaient votre Pomard !... Il va bien, votre Pomard !... Quand ils m'ont vu, ces gredins-là, ils se sont roulés ; la cameriste surtout : du délire !... « Madame ?... Ah ! bien, si vous courez après Madame, vous êtes encore un joli jobard ! »

DES PRUNELLES.

Oh !

ADHÉMAR.

« Jobard ! » Une lueur, ce mot. Je m'élance au *Grand Vatel*. J'interroge la femme en bas, au pied de l'escalier, celle qui ouvre les huîtres. Elle me connaît bien ! « Vous avez vu entrer M. Des Prunelles ? » « Oui, Monsieur. » « Avec une dame ? » « Oui. » « Dépeignez-la. » « Petite, grassouillette, une caille ! » (Poussant un cri sauvage.) Ah ! (Mouvement de Des Prunelles.) « Jobard » s'explique ! Je suis joué ! Vous soupez ici ! Elle et vous ! C'est déloyal, vous me l'avez cédée ; vous marchez sur nos conventions !...

DES PRUNELLES, bredouillant un peu et légèrement gris.

Mon cher successeur... réfléchissez donc !... Si elle était
là !...

ADHÉMAR.

Derrière le paravent !

Petit rire de Cyprienne.

DES PRUNELLES.

Mais elle serait déjà dans vos bras !

ADHÉMAR.

Oh! Est-ce qu'on sait jamais ?... Les femmes sont si
fantaisistes !... Elle trouve peut-être drôle à présent de mo
tromper avec vous.

CYPRIENNE, poussant un petit cri involontaire de protestation.

Oh !...

ADHÉMAR.

Ce cri!... C'est elle !

Il s'élance vers le paravent.

DES PRUNELLES, le rattrapant par le bas de son paletot et le faisant
pirouetter.

Pardon, une dame de mes amies...

ADHÉMAR.

Montrez-la...

DES PRUNELLES.

Ça ne se fait pas.

ADHÉMAR.

Qu'elle parle !

DES PRUNELLES.

Non plus !... Autre chose. — J'y mets vraiment bien de la complaisance.

ADHÉMAR.

Quoi ?

DES PRUNELLES.

Vous connaissez sûrement le pied de Cyprienne, qui est charmant ?

ADHÉMAR.

Si je le connais !

DES PRUNELLES.

Eh bien ! j'espère que Madame consentira à vous montrer le sien, et vous serez fixé... (Allant au paravent.) Si vous consentez, Madame, tapez sur l'assiette *.

Cyprienne, avec un couteau, frappe deux petits coups sur une assiette.

ADHÉMAR.

Ah !

DES PRUNELLES, tout contre le paravent,

Ne bougez plus ! — Vous y êtes ? (Adhémar, à gauche, se baisse pour mieux voir ; Des Prunelles se baisse aussi contre le paravent. Cyprienne de l'autre côté du paravent est assise sur la chaise. Des Prunelles à Cyprienne.) Veuillez avoir la bonté de glisser légèrement votre bottine le long du paravent de manière à la faire

* Adhémar, Des Prunelles, Cyprienne.

saillir sur le cadre extérieur. (Cyprienne exécute tout doucement le mouvement commandé et la pointe de sa bottine commence à se montrer hors du paravent.) C'est ça !... Bien !... Assez !... (A Adhémar.) Eh bien ?... Est-ce ça ?

ADHÉMAR, avec un geste de désolation.

Non !

DES PRUNELLES ET CYPRIENNE, en même temps.

Ah !

Cyprienne retire vivement sa jambe en dessinant dans l'air un coup de pied à l'adresse d'Adhémar.

ADHÉMAR, debout.

Ah ! Madame... je suis confus !... que je vous demande pardon ! (A Des Prunelles, lui serrant la main et montrant son pied.) Mes compliments !

DES PRUNELLES.

Merci !

ADHÉMAR, reprenant son parapluie et le refermant.

Mais alors, la malheureuse, où est-elle ?

DES PRUNELLES.

Ah ! ça, c'est votre affaire, cherchez !

ADHÉMAR.

Je meurs de faim ; je vais prendre un bouillon !

Il remonte vers le fond.

DES PRUNELLES, le reconduisant.

Plutôt du tilleul... Vous couvez une de ces grippes...

ADHÉMAR, il prépare un éternuement.

C'est affreux, Monsieur, c'est affreux !... (Il éternue, en

remontant vers la droite.) ma situation!... Depuis qu'elle est à moi, elle est moins à moi que quand elle n'était pas à moi!

DES PRUNELLES.

C'est souvent comme ça!...

ADHÉMAR, à la porte du fond.

Vous dites : du tilleul?

DES PRUNELLES.

Bouillant !... Bouillant!...

ADHÉMAR.

Merci!

Il éternue et sort. Des Prunelles ferme la porte sur lui.

DES PRUNELLES.

Dieu vous bénisse!

SCÈNE VI

DES PRUNELLES, CYPRIENNE

CYPRIENNE, éclatant de rire en ouvrant brusquement le paravent.

Mais quel idiot!... Non, quel idiot!... Il ne connaît pas seulement mon pied!...

DES PRUNELLES, gaiement, revenant à elle.

Voilà comme on se trompe sur les galants!... (Touchant le bout de son pied.) Moi, c'est la première chose que j'ai admirée en toi!

CYPRIENNE.

Oh! non, ça, c'est trop fort!... Un homme qui me fait la cour depuis quatre mois!...

DES PRUNELLES, riant.

Voilà!

CYPRIENNE, passant à gauche et allant s'asseoir sur le canapé en riant. Elle est gentiment grise.

Mais est-il bête!... est-il bête!... est-il bête!... (Tapant sur le coussin.) Est-il permis d'être bête comme ça!

DES PRUNELLES *.

Le fait est!

CYPRIENNE.

Hein! Crois-tu qu'on aura plaisir à le tromper, celui-là?

DES PRUNELLES, allant à elle.

Ça!... un jour!

CYPRIENNE.

Un jour?... Mais tout de suite!

DES PRUNELLES.

Hein!

CYPRIENNE.

Mais rien que pour en avoir eu l'idé !... Voyons!... il ne le mériterait pas?

DES PRUNELLES.

Il est certain que si les rôles étaient renversés, et si je te faisais la cour?

* Cyprienne, Des Prunelles.

CYPRIENNE.

Oui... hein! crois-tu?

DES PRUNELLES, s'asseyant près d'elle sur le canapé.

Hein, crois-tu?... Et qu'il fût le mari et moi l'amant!

CYPRIENNE.

Oui. — Oh! là là!

ENSEMBLE, avec un geste énergique.

Oh!...

DES PRUNELLES, lui prenant la taille.

Avec un élan mutuel l'un vers l'autre!

CYPRIENNE, lui serrant le bras.

N'est-ce pas?

DES PRUNELLES, l'abandonnant.

Au lieu de la lassitude qui nous sépare!

CYPRIENNE.

Lassitude!.. Tu ne peux pas être fatigué tant que ça pour avoir fait tes vingt-six jours!

DES PRUNELLES.

Je ne parle que de toi!

CYPRIENNE.

Moi, je ne suis lasse que d'Adhémar!

Elle passe à gauche du canapé et va s'asseoir au piano, chantant et jouant:

C'n'était pas la peine assurément
De changer de gouvernement.

DES PRUNELLES, à genoux sur la partie droite du canapé.

Prends garde. Il est peut-être à côté qui prend son bouillon !

CYPRIENNE.

Avec son parapluie ! (Éclatant de rire.) Ah! ah! ah! — Ah ! mon cœur !

Elle tombe les deux coudes sur le piano.

DES PRUNELLES, assis sur le canapé.

Qu'est-ce qui te fait rire?

CYPRIENNE, sans le regarder.

Rien, une idée, une folie !.. ça ne peut pas se dire !

Elle joue un air de valse très tendre.

DES PRUNELLES, après deux ou trois mesures de l'air, sans la regarder.

Et puis ce ne serait pas honnête !

CYPRIENNE, jouant toujours.

Ce ne serait pas honnête !

DES PRUNELLES.

Car enfin, à présent, tu n'es plus à moi!

CYPRIENNE, alléchée par l'idée et jouant toujours.

C'est vrai !..

DES PRUNELLES.

Ça nous est interdit !..

CYPRIENNE, ne jouant plus que d'une main.

Interdit ?

DES PRUNELLES.

C'est défendu !

CYPRIENNE, vivement.

Défendu ?

Elle cesse de jouer.

DES PRUNELLES.

Ce serait une faute !.. un crime !..

CYPRIENNE, tournant vivement avec le tabouret et se trouvant face à face avec Des Prunelles, mais séparée de lui par le canapé.

Un crime ?.. Tu crois ?.. Ce serait un crime ?

DES PRUNELLES.

Cyprienne, ne me regarde pas avec ces yeux-là !

Il se retourne sur le canapé, face au public.

CYPRIENNE, se levant.

Ouf! j'ai chaud !.. j'ai la bouche en feu, avec tes coquines d'écrevisses !.. (Elle va à la table du fond, prend une grappe de raisin et revient à Des Prunelles, derrière le canapé, en mordant à la grappe.) Ah ! que c'est frais !.. Alors, ce serait bien abominable dis ?

DES PRUNELLES.

Oh ! oui !

CYPRIENNE, après avoir pris un grain de raisin, lui en mettant un dans la bouche.

Tiens ! mon chéri ! — Ce serait très mal ! très mal!. Bien sûr ?

DES PRUNELLES, la tête appuyée sur le dos du canapé.

Ah ! Cyprienne !

CYPRIENNE, même jeu de scène, les yeux dans les yeux.

Tiens, mon amour !

DES PRUNELLES.

Tromper cet homme !... Oh !

CYPRIENNE, même jeu de scène.

Oui, mon trésor ! Tiens ! (Lui montrant la grappe en l'élevant un peu au-dessus de sa tête.) Ça ne te rappelle rien, ce raisin-là ?

DES PRUNELLES.

Ça me rappelle Adam et Ève.

CYPRIENNE, passant à droite du canapé *.

Ingrat !... Et la feuille de vigne ?

DES PRUNELLES.

Oh ! ça, c'était vraiment drôle !

CYPRIENNE.

Ça le serait encore !

Elle lui passe le bras autour du cou. Bruit de voix en dehors, au fond.

DES PRUNELLES, achevant d'égrener la grappe avec Cyprienne, chacun passant un grain à l'autre.

Hein ?..

ADHÉMAR, dehors.

Vous êtes là, Madame !.. J'ai reconnu votre voix !.. mais je me vengerai ! Tremblez !.. tremblez !.. La vengeance approche !

DES PRUNELLES.

La vengeance ?

LES GARÇONS, entraînant Adhémar.

Allons ! allons ! Emmenez-le !...

* Des Prunelles, Cyprienne.

ADHÉMAR.

Mais c'est ma femme !...

LES VOIX.

Au poste !...

Les voix se perdent.

DES PRUNELLES.

Parti !...

On frappe à la porte du fond

CYPRIENNE.

On frappe !

DES PRUNELLES, *se levant.*

On frappe ?

JOSEPH, dehors *.

Monsieur !

CYPRIENNE.

C'est le garçon !

DES PRUNELLES.

Le garçon ?

Il remonte.

JOSEPH, *frappant à la porte.*

Ouvrez vite, Monsieur !

DES PRUNELLES, *entr'ouvrant la porte à Joseph qui parait à moitié.*

Quoi ?

* Cyprienne, Joseph, Des Prunelles.

JOSEPH *.

Un sergent de ville l'emmène au poste en face, mais ils vont peut-être revenir. Si madame, pour se déguiser, veut changer de costume avec moi ?

Gestes de refus de Cyprienne qui a couru à la fenêtre.

DES PRUNELLES.

Non.

Il pousse le garçon dehors.

JOSÈPH.

Ça se fait, Monsieur, à Paris !

DES PRUNELLES.

Non, non, merci !

Il referme la porte, met le verrou et va se verser un verre de champagne à la table.

CYPRIENNE, montée sur la chaise pour voir par la fenêtre et riant aux éclats.

Ah ! c'est vrai !... le sergent de ville l'emmène !... Ah ! ah ! il ruisselle !... C'est une gouttière !... Ah ! ah ! qu'il est drôle comme ça ! Et laid !

DES PRUNELLES, son verre à la main, allant à Cyprienne.

N'est-ce pas ?

CYPRIENNE.

Mon Dieu, qu'il est laid !

En sautant de la chaise elle tombe dans les bras de Des Prunelles.

DES PRUNELLES.

Bon !... Tout le champagne sur mon habit.

CYPRIENNE.

Ah ! pauvre chat !... Tiens ! (Elle veut essuyer avec son mouchoir.) Tiens !

DES PRUNELLES.

J'aurai plus tôt fait de le mettre devant le feu.

Elle l'aide à ôter son habit, dont une des manches se retourne.

CYPRIENNE, prenant l'habit.

Donne ! (Elle étale l'habit sur le fauteuil devant la cheminée.) Ouf !
ce feu !... J'étouffe !

Elle dégrafe le haut de son corsage.

DES PRUNELLES.

Se venger de quoi ?... Qu'est-ce que ça veut dire ?... un
duel ?

CYPRIENNE, courant à lui.

Un duel ! Je te défends de te battre, entends-tu ?*

DES PRUNELLES.

Mais !...

CYPRIENNE, l'enlaçant dans ses bras.

Je ne veux pas que tu te battes ! — Il n'aurait qu'à te
tuer !

DES PRUNELLES.

Bah !

CYPRIENNE.

Et pour lui ?... Pour cet homme ?... Ah ! cet homme !...
Est-il possible !... je l'avais mal vu... J'étais folle ! (Tombant
sur le canapé.) Ah ! je suis bien coupable !... (Elle se retourne
vivement vers Des Prunelles, qui près d'elle regardait la porte du fond, lui
saisit le bras et le fait tomber à genoux, devant elle.) Tombe à mes pieds,
misérable, et demande-moi pardon !

* Cyprienne, Des Prunelles.

DES PRUNELLES.

Hein?

CYPRIENNE.

De m'avoir jetée dans les bras de ce crétin, et d'avoir
voulu me le donner pour mari !

DES PRUNELLES, à genoux, ahuri.

Mais...

CYPRIENNE.

Mais il est odieux, entends-tu !... Mais il est ridicule, il
est laid, il est stupide, ton Adhémar !... Mais je le hais, entends-tu bien ! Mais je n'aime que toi ! Dis que tu m'aimes
encore, toujours, de plus en plus !... Dis-le vite !

DES PRUNELLES.

Je...

CYPRIENNE.

Et que tu te repens de m'avoir plantée là !... Et que tu
ne me lâcheras plus !... Jamais ! jamais ! jamais !

DES PRUNELLES.

Jamais ! je...

CYPRIENNE.

Assez ! tu te repens !... J'oublie tout ! Je te pardonne !
Viens dans mes bras ! je t'adore !...

On entend frapper trois coups à la porte. Puis

UNE VOIX.

Ouvrez, au nom de la loi !

CYPRIENNE, à Des Prunelles.

Le commissaire !

CYPRIENNE, effarée.

Pourquoi ?

DES PRUNELLES, se levant.

Est-ce qu'on sait?... Outrage aux mœurs!... Scandale dans un établissement public !

CYPRIENNE.

Ah !

LE COMMISSAIRE, dehors.

Vous refusez d'ouvrir ?

CYPRIENNE, remarquant le désordre de sa toilette.

N'ouvre pas !... Je suis faite !... Tiens, ton habit !

Elle va à la cheminée et lui jette son habit.

LE COMMISSAIRE, dehors.

Ouvrez, ou je fais enfoncer la porte !

Cyprienne s'enroule dans le paravent.

DES PRUNELLES.

Voilà! voilà !

Il va tirer le verrou. Les agents entrent vivement.

SCÈNE VII

CYPRIENNE, cachée, DES PRUNELLES, LE COMMISSAIRE DE POLICE, Agents, JOSEPH, Garçons, ADHÉMAR.

Deux agents entrent derrière le commissaire et vont se placer au fond à droite. Joseph et les garçons se tiennent au fond à gauche. Adhémar, avec son parapluie, passe derrière eux et paraît entre le piano et le canapé. Dans l'embrasure de la porte du fond apparaissent des curieux, etc.

DES PRUNELLES, stupéfait, essayant de remettre son habit.

Mais, monsieur le Commissaire, pardon...

LE COMMISSAIRE, vivement, lui montrant la table en désordre.

Monsieur, vous êtes ici avec une femme ! — Ne niez pas !

DES PRUNELLES.

Oui, monsieur le Commissaire : la mienne.

LE COMMISSAIRE.

La vôtre ! — Il faut pourtant s'entendre... (Montrant Adhémar qui descend à gauche.) Voici Monsieur qui fait tant de vacarme qu'on me l'amène, et qui prétend, pour se justifier, que vous êtes ici avec sa femme !... à lui !

DES PRUNELLES.

Adhémar !... (Il éclate de rire.)

Tout le monde regarde Adhémar avec compassion

ADHÉMAR, à part..

J'enfonce la police... quinze jours de prison ; mais ça m'est égal, j'ai troublé leur orgie !...

DES PRUNELLES.

Non, elle est bonne !... Ah ! elle est bien bonne !... Dis donc, bichette ! (Parlant à Cyprienne par-dessus le paravent.) Entends-tu ça ? Adhémar, ton mari ! (On aperçoit par-dessus le paravent les mains de Cyprienne se levant au ciel en signe de protestation.) Tenez, monsieur le Commissaire !... Elle se tord ! Voyez ses gestes !

LE COMMISSAIRE.

Indécents, Monsieur !... comme votre tenue !... Remettez cette manche à l'endroit !

DES PRUNELLES.

Alors, remettons tout à l'endroit, monsieur le Commissaire. Le vrai mari, c'est moi !

LE COMMISSAIRE.

Vous ajoutez le cynisme à l'outrage.

DES PRUNELLES.

Mais, nom de nom !...

LE COMMISSAIRE.

Et pas de jurons ! Respectez la justice !

DES PRUNELLES.

Mais !...

LE COMMISSAIRE.

Silence ! (Des Prunelles, intimidé, achève de mettre son habit et gagne l'extrême droite. Le commissaire, à Adhémar, avec ménagement et intérêt. Monsieur, je vais interroger Madame... Peut-être feriez-vous bien de vous éloigner. — Ce paravent... (Adhémar porte son mouchoir à ses yeux, puis se mouche douloureusement.) L'état probable dans lequel...

ADHÉMAR, d'une voix éteinte où l'enrouement tient lieu d'émotion.

Non, Monsieur !... Je serai fort !... merci !

LE COMMISSAIRE, après un geste de consentement se tournant vers le paravent et tapant sur le cadre avec sa canne.

Madame !

CYPRIENNE, derrière le paravent.

Monsieur ?

LE COMMISSAIRE.

Êtes-vous présentable ?

CYPRIENNE, ouvrant le paravent.

Toujours, Monsieur !...

Elle sort, les cheveux mal rajustés et le corsage boutonné de travers. — Mouvement.

ADHÉMAR.*

Ah ! malheureuse !

*Il tombe sur le canapé. Joseph lui met sous le nez une burette de vinaigre. Les gar-
çons replient le paravent contre le mur.*

DES PRUNELLES, se levant.

Non, c'est trop drôle, qu'un mari et sa femme !...

LE COMMISSAIRE, allant à lui **.

Silence, vous !

DES PRUNELLES, intimidé par les agents.

On étrangle les débats ! Voilà tout !

Il retombe assis sur la chaise devant la table.

LE COMMISSAIRE, à Cyprienne.

Madame, vous reconnaîtrez que vous avez été surprise
ici avec Monsieur, dans des conditions qui ne permettent
pas de douter que vos relations avec lui ne soient ?...

CYPRIENNE.

Oh ! quotidiennes, Monsieur !

TOUTE L'ASSISTANCE, révoltée.

Oh !

LE COMMISSAIRE, à Adhémar, en lui parlant derrière le dos de
Cyprienne qui les sépare.

Courage, Monsieur... (Même geste par devant Cyprienne.) Courage ! (A Cyprienne.) Alors, vous avouez ?

CYPRIENNE, montrant Des Prunelles.

Tiens, mon mari !

---

* Adhémar, le commissaire, Cyprienne, Des Prunelles.
** Adhémar, Cyprienne, le commissaire, Des Prunelles.

LE COMMISSAIRE, ironiquement.

Ah ! vous prétendez aussi ?... Mais alors, si Monsieur est votre mari.. (Montrant Adhémar.) Monsieur, qu'est-ce qu'il est, lui ?

CYPRIENNE.

Lui ?... c'est un imbécile !

ADHÉMAR, passant la burette à Joseph et debout.

Ah ! Cyprienne !

CYPRIENNE.

Ne m'approchez pas, vous !... Je vous arrache les yeux !

LE COMMISSAIRE.

Et vous dites que ce n'est pas votre mari ?

CYPRIENNE.

Mais le voilà, mon mari !... Le voilà ! celui que j'aime!

Elle veut s'élancer vers Des Prunolles.

LE COMMISSAIRE, se plaçant devant elle et l'obligeant à gagner l'extrême gauche.

Quel cynisme !

DES PRUNELLES, exaspéré, se levant.

Mais, commissaire aveugle, tout le monde vous dira qu'elle est ma femme.... Tenez, au n° 11, des amis à moi...

Le commissaire se tourne vers Joseph.

JOSEPH.

Partis !

DES PRUNELLES.

Malheur!...

12

LE COMMISSAIRE, à un agent.

Allons ! faites avancer un fiacre pour Madame, que nous allions au bureau dresser procès-verbal.

JOSEPH.

C'est qu'il y a un monde dans la rue !

CYPRIENNE, pleurant.

Oh ! devant la foule !

DES PRUNELLES.

Comme des malfaiteurs !!

Ils s'élancent l'un vers l'autre, se rejoignent au milieu de la scène et tombent dans les bras l'un de l'autre.

LE COMMISSAIRE, hors de lui.

Mais séparez-les donc ! — Ils sont enragés !

Les deux agents empoignent Des Prunelles. Le commissaire cherche à faire lâcher prise à Cyprienne.

CYPRIENNE, se cramponnant à Des Prunelles.

Non !... Avec lui !... Jusqu'à la mort !

DES PRUNELLES.

Avec elle !!

On les sépare.

CYPRIENNE, furieuse.

Sbires ! Sicaires ! Alguazils !

Elle tombe assise sur le canapé.

DES PRUNELLES, au fond, à droite.

Mais c'est stupide !... Ça n'a pas de nom !... Et à trois pas du notaire qui nous a mariés !... J'y cours !

Il profite de la porte libre pour s'élancer dehors par le fond.

LE COMMISSAIRE.

Arrêtez-le !

UN DES AGENTS, JOSEPH ET LES GARÇONS, s'élançant derrière lui, en criant.

Arrêtez !... Arrêtez !...

CYPRIENNE.

Henri !... Attends-moi !

Elle veut s'élancer derrière lui.

SCÈNE VIII.

CYPRIENNE, LE COMMISSAIRE, ADHÉMAR,
Un Agent.

LE COMMISSAIRE, lui barrant la sortie.

Non, Madame, non ! Vous ne le suivrez pas ! (L'agent a ouvert la porte du cabinet de toilette.) Entrez là !

ADHÉMAR, suppliant.

Cyprienne !

CYPRIENNE, passant devant le commissaire.

N'approchez pas !... ou je calotte !

ADHÉMAR.

O Cyprienne ! le pardon ! l'oubli !...

CYPRIENNE.

Tiens ! monstre !!!

Elle lui flanque un soufflet et entre dans le cabinet.

ADHÉMAR, *pirouettant et tombant sur le canapé.*

Oh

LE COMMISSAIRE, *tandis que l'agent ferme la porte à clef.*

Ceci, Monsieur, sera sur le procès-verbal... Courons après l'autre !

Il court vers la porte d'entrée, suivi de l'agent et d'Adhémar qui se tient la joue. Ils disparaissent.

SCÈNE IX

DES PRUNELLES, JOSEPH, Garçons, L'agent

DES PRUNELLES, *rentrant par la porte du pan coupé à droite, suivi de près par Joseph, le 2ᵉ agent et les garçons.*

Manqué !... Traqué !... *(On l'enveloppe.)* Je me rends !... Bas les armes !

JOSEPH.

Enfermons-le !

Il pousse le canapé et va à la porte du cabinet.

LES GARÇONS.

Oui, enfermons-le !

DES PRUNELLES, *passant devant les garçons.*

Ne me touchez pas !

JOSEPH.

Là ! dans le cabinet !

Il ouvre la porte.

DES PRUNELLES.

J'y vais!... Mais ne me touchez pas!... Ne me touchez, pas, ou je calotte !

> Il entre dans le cabinet de toilette où est déjà Cyprienne.

JOSEPH, fermant à clef.

Là! ça le calmera! — Où est la femme?

TOUS, cherchant.

Disparue !

JOSEPH.

Partie!... Courons!

> Ils vont s'élancer dehors.

SCÈNE X

Les Mêmes, LE COMMISSAIRE, ADHÉMAR, Agents, Garçons.

LE COMMISSAIRE, ADHÉMAR, LE 1ᵉʳ AGENT, rentrant par la porte du pan coupé de droite.

L'homme!... Où est l'homme ?

JOSEPH, LES GARÇONS, LE 2ᵉ AGENT.

La femme!... Où est la femme ?

LE COMMISSAIRE.

La femme, nous la tenons !

JOSEPH.

L'homme aussi !...

LE COMMISSAIRE, montrant la porte du cabinet.

Elle est là !

JOSEPH, de même.

Il est là !

LE COMMISSAIRE, rectifiant.

Elle !

JOSEPH, de même.

Il !

LE COMMISSAIRE.

Tous deux !

TOUS, les yeux tournés vers le cabinet.

Ensemble !

ADHÉMAR, s'oubliant.

Avec sa femme ?

TOUS, se retournant vivement vers lui.

Sa femme ?

ADHÉMAR, épouvanté.

Pincé !... La fuite !

Il s'élance dehors par le pan coupé de droite.

LE COMMISSAIRE.

Arrêtez-le ! arrêtez ce scélérat ! (Tous les agents et tous les garçons se précipitent derrière Adhémar, seul) Sa femme !... Mais
alors !... ma conduite... Grand Dieu ! Une chose que je

devrais encourager ! (Allant à la porte du cabinet et tirant le verrou.) Mille pardons, Monsieur !... Mais c'est très bien, Monsieur, très bien. Vous êtes dans la vérité !... l'amour dans le mariage ! (Des Prunelles entrebâille la porte et passe sa main qu'il tend au commissaire.) Mes compliments, Monsieur !... Persistez ! persistez !

DES PRUNELLES, sortant avec sa femme qui a remis son chapeau et
son manteau.

Permettez-moi de vous présenter madame Des Prunelles !

LE COMMISSAIRE.

Ah ! Madame ! Ah ! Monsieur ! Que d'excuses !

SCÈNE XI

LES MÊMES, ADHÉMAR, JOSEPH, GARÇONS, AGENTS.

TOUS, ramenant Adhémar, par le fond.

Le voilà !... Nous le tenons !

LE COMMISSAIRE.

Quant à Monsieur qui s'est joué de la justice...

CYPRIENNE.

Ah ! Monsieur le commissaire, pardonnez-lui, de grâce !

DES PRUNELLES.

Le restaurateur de notre ménage !

LE COMMISSAIRE.

Ce sera bien pour vous faire plaisir et mériter moi-même mon pardon. (Aux agents.) Laissez Monsieur !

ADHÉMAR, à lui-même.

Je comptais bien là-dessus ! *

Musique.

DES PRUNELLES, allant à Adhémar, bas.

Silence ! brigand !.. ou je te fais coffrer pour délit de fausse nouvelle !

Il lui met sous le nez son télégramme.

ADHÉMAR, idem.

Vous saviez ?

DES PRUNELLES, idem.

Parbleu !... Allons, mon bel ami, vous n'êtes pas de force !

ADHÉMAR.

Bon, moi !.. Mais demain... un autre !

DES PRUNELLES.

Bah ! Demain, je trouverai autre chose. (A Cyprienne.) Mais qu'est-ce qu'il a donc à se gratter la joue comme ça ?

CYPRIENNE, riant en passant devant le commissaire.

Ah ! c'est moi !...

Elle fait le geste.

DES PRUNELLES.

Un soufflet ! — Tu lui as donné ?... (La faisant passer devant lui, sévèrement.) Efface ! **

Adhémar, alléché, ôte sa main, Cyprienne regarde la joue d'Adhémar et baise celle de son mari, puis elle prend le bras de Des Prunelles et salue gentiment le commissaire.

* Cyprienne, le commissaire, Des Prunelles, Adhémar.
** Le commissaire, Des Prunelles, Cyprienne, Adhémar.

ENSEMBLE, saluant.

Monsieur le commissaire !!

LE COMMISSAIRE, saluant.

Persistez, Monsieur, persistez !...

Adhémar est tombé sur la chaise de droite. Joseph lui frotte la joue avec une serviette trempée dans un verre d'eau, et la toile tombe au moment où Des Prunelles
et sa femme s'en vont tout guillerets, entre les agents et les garçons qui les sa-
luent respectueusement.

FIN

IMPRIMERIE CHAIX, RUE BERGÈRE, 20, PARIS. — 18723-3.

DERNIÈRES PIÈCES PARUES

	fr. c.		fr. c.
Jean Baudry, *pièce*.	2 »	Le Fandango, *ballet pant.*	1 »
La Papillonne, *comédie*.	2 »	La Comtesse Romani, *com*	2 »
Charlotte Corday, *drame*	2 »	Le Roi de Lahore, *opéra*.	1 »
La Moabite, *pièce en vers*.	2 »	Cinq-Mars, *drame lyrique*	1 »
Rataplan, *revue*.	2 »	Oh! Monsieur! *saynète*.	1 »
Les Braves Gens, *comédie*.	2 »	Les Charbonniers, *opérette*	1 50
Belle Lurette, *opéra-comique*.	2 »	Le Tunnel, *comédie*.	1 50
Nina la Tueuse, *comédie*	1 50	L'Hetman, *pièce en vers*.	2 »
Daniel Rochat, *comédie*.	2 »	L'Étrangère, *comédie*.	2 »
La Petite Mère, *comédie*	2 »	Paul Forestier, *com. en vers*.	2 »
L'Amiral, *comédie en vers*	2 »	Le Prince! *comédie*.	2 »
Jean de Nivelle, *opéra com*.	1 »	Mariages riches! *comédie*.	2 »
Chevalier Trumeau, *c. en vers*.	1 »	Aïda, *opéra*	1 »
Papa, *comédie*.	2 »	Paul et Virginie, *opéra*.	1 »
Vercingétorix, *drame*.	4 »	La Partie d'échecs, *comédie*	1 50
Les Mouchards, *pièce*.	» 50	Sylvia, *ballet*	1 »
La Victime, *comédie*.	1 50	Madame Caverlet, *comédie*.	2 »
Beau Nicolas, *opéra comique*	2 »	Piccolino, *opéra comique*	2 »
Le Mari de la débutante, *com*.	2 »	Boulangère a des écus, *o. bouf.*	2 »
La Jolie Persane, *opéra com*	2 »	Loulou, *vaudeville*	1 50
Anne de Kerviler, *drame*	1 50	Monsieur attend Madame, *com.*	1 50
Jonathan, *comédie*.	2 »	Petite Pluie, *comédie*.	1 50
Lolotte, *comédie*.	1 50	Le Panache, *comédie*.	2 »
La Famille, *comédie*	1 50	Fanny Lear, *comédie*.	2 »
L'Étincelle, *pièce*.	1 50	Carmen, *opéra comique*	1 »
Les Tapageurs, *comédie*.	2 »	L'Oncle Sam, *comédie*	2 »
Le Petit Hôtel, *comédie*.	1 50	La Haine, *drame*.	2 »
La Petite Mademoiselle, *op. c.*	2 »	La Boule, *comédie*.	2 »
Yedda, *ballet*	1 »	La Mi-Carême, *vaudeville*.	1 50
Étienne Marcel, *opéra*	1 »	Le Homard, *comédie*.	1 50
L'Âge Ingrat, *comédie*	2 »	Le Sphinx, *drame*	2 »
Les Danicheff, *com*.	2 »	Monsieur Alphonse, *pièce*.	2 »
La Camargo, *opéra com*	2 »	Jeunesse de Louis XIV, *com*.	2 »
Les Amants de Vérone, *opéra*.	1 »	La Petite Marquise, *comédie*.	2 »
Le Phonographe, *à-propos*	1 »	Jean de Thommeray, *comédie*.	2 »
Le Gascon, *drame*	2 »	Libres! *drame historique*	2 »
Le Club, *comédie*	2 »	Toto chez Tata, *comédie*	1 50
Les Vieilles Couches, *comédie*.	2 »	Chez l'avocat, *comédie*	1 50
Les Fourchambault, *comédie*.	2 »	L'Été de la Saint-Martin, *com*.	1 50
Le Petit Duc, *opéra comique*.	2 »	Le Roi Candaule, *comédie*.	1 50
Hernani, *pièce*.	2 »	La Femme de Claude, *pièce*.	4 »
Scandales d'hier, *comédie*	2 »	Un Monsieur en habit noir, *c.*	1 50
La Cigale, *comédie*.	2 »	Le Réveillon, *pièce*.	2 »

Paris. — Imprimerie Ph. Bosc, 3, rue Auber